傳[전], 불후로 남다

국립중앙도서관 출판예정도서목록(CIP)

전(傳), 불후로 남다 : 조선 문인이 기록한 33인의 삶 / 안세현 옮김.
-- 서울 : 한국고전번역원, 2018
p. ; cm. -- (고전작품선집)

한자를 한글로 번역
ISBN 978-89-284-0553-4 03810 : ₩12000

전기(인물)[傳記]
조선 시대[朝鮮時代]

991.1-KDC6
920.0519-DDC23 CIP2018012114

傳전, 불후로 남다

고전작품선집

조선 문인이 기록한 33인의 삶

안세현 옮김

한국고전번역원

▌옮긴이의 말

전傳, 한 사람의 생애를 들여다보는 거울

전傳은 한 인물의 사적을 기록하는 산문 문체로, 사마천司馬遷의 『사기史記』 열전列傳에서 유래하였다. 『사기』 열전에는 「백이열전伯夷列傳」부터 「화식열전貨殖列傳」에 이르기까지 다양한 사람들의 삶이 기록되어 있다. 사마천은 사건이 아니라 사람 중심으로 역사를 서술하였다. 이는 실제로 그 시대를 살았던 사람들의 삶을 통해 교훈을 찾아야 한다는 역사의식의 소산이다. 『사기』 이래로 역사 서술에서 열전 형식은 하나의 전범이 되었으며, 역대의 정사正史에는 대개 열전이 들어 있다. 우리나라의 『삼국사기』와 『고려사』 등도 마찬가지이다.

이처럼 정사에 들어 있는 인물 전기를 '사전史傳'이라 하고, 문인들이 사적으로 기술한 전기를 '사전私傳'이라 한다. 문인들은 정사에는 이름을 올리지 못했으나 후대에 전할 만한 삶을 살았거나 특이한 사람들의 행적을 문집 등에 수록하였다. 우리나라의 경우 고려 중기 이규보李奎報의 「노극청전盧克淸傳」 이래로 많은 사전私傳이 문집 속에 수록되어 전한다. 이러한 사전은 작가의 문학적 역량이 더해져 뛰어난 서사 작품으로서의 면모를 갖추고 있다.

전은 대개 가계家系, 행적行蹟, 논찬論贊으로 구성된다. 작가는 객관적 사실에 근거하여 가계와 행적을 서술하고, 역사가의 견지에서 한 인물의 생애를 엄정하게 논찬한다. 그런데 행적은 작가의 창작 의식에 따라 취사선택되기 마련이고, 논찬 역시 작가의 가치관에 따라 달라질 수밖에 없다. 바로 이 지점에서 전의 작가와 대상 인물은 시대를 초월하여 교감하게 되는 것이며, 전이 작가 의식이 반영된 문학의 영역으로 들어오는 것이다.

전은 한 사람의 일생에 관한 총체적인 기록이자 평가이다. 그리하여 전은 포폄褒貶의 기능을 지닌다. '포褒'는 그 인물의 행적을 기리는 것이며, 이와 반대로 '폄貶'은 폄훼하는 것이다. 당연히 선한 행적을 권면하는 한편, 악한 행적을 징벌한다. 『사기』에도 선정을 베푼 목민관을 다룬 「순리열전循吏列傳」과 함께 가렴주구를 일삼은 관리를 다룬 「혹리열전酷吏列傳」을 두었다. 이처럼 전은 '포'와 '폄' 두 가지 기능을 함께 가지지만, 무게 중심은 '포'에 있었다. 전의 작가는 연민과 유대의 마음을 담아 해당 인물의 미덕을 드러내는 데에 초점을 맞추었다.

현재 우리나라에 전하는 가장 오래된 전은 『삼국사기』 열전이다. 이규보 이래로 문인들이 창작한 사전私傳이 많이 있다. 정사에 수록된 열전도 그러하거니와 문인들이 지은 사전 역시 대체로 당대의 이념과 규범을 충실히 지킨 인물들이 주된 대상이었다. 나라에 충성하고 부모에게 효도하며 남편을 위해 수절하고 형제와 우애 있게 지내고 친구와 신의를 지킨 인물이 그 전형이다.

그러나 조선 중기 이후로는 신분 질서에서 소외된 계층, 유교적 규범에서 벗어나 방외인의 삶을 살았던 다양한 인간 군상이 전의 대상으로 부각되었다. 기인, 협객, 과학자, 기술자, 예술가, 상인, 거지 등은 물론 심지어 사기꾼에 이르기까지 등장인물의 폭이 확대되었다. 한편 이규보의 「백운거사전白雲居士傳」 이래로 자신의 삶을 스스로 기록한 '자전自傳'도 꾸준히 창작되었는데, 자아 정체성에 대한 고민을 우의적寓意的으로 표현하는 것이 특징이다.

이 책에서는 조선 시대 인물을 다룬 전 33편을 번역하고 평설을 붙였다. 되도록 기존 번역서에서 다루지 않은 인물을 뽑아 사대부 관료부터 노비, 양반가 여성부터 기생에 이르기까지 다양한 계층의 삶을 소개하고자 하였다.

이 책은 7부로 구성되어 있다.

1부는 충신, 지사, 효자 등과 같이 자신의 신념을 지키기 위해 일생을 바친 사람들의 전기이다. 사마천이 절의지사節

義之士의 상징인 백이伯夷를 『사기』 열전의 첫머리에 실었듯이 책에서도 이들의 전기를 맨 앞에 수록하였다. 신념을 지키는 사람은 난세에 빛을 발한다. 이들의 숭고한 희생은 사람으로서 지켜야 할 도리를 일깨워 주고, 사회를 유지하기 위해 필요한 덕목이 무엇인지 확인시켜 준다.

2부는 다양한 삶을 살아 낸 여성들의 전기이다. 중국의 유향劉向이 『열녀전列女傳』을 편찬한 이래로 여성도 기록의 대상이 되었다. 『고려사』와 같은 정사에도 '열녀전'이 들어 있으며, 문인들 역시 여성들의 삶을 글에 담았다. 남성들이 만들어 놓은 사회 구조와 윤리의 굴레 속에서 며느리로서의 효행, 일부종사와 수절, 자식을 위한 희생 등을 실천한 여성들은 가정과 사회에서 칭송받았다. 그러나 이러한 굴레를 과감히 벗어 버리고 자신의 삶을 개척한 여성들도 있었다.

3부는 주류 사회의 체제에서 신분의 한계와 사회 관습을 과감하게 벗어던지고 방외인으로 살았던 사람들의 전기이다. 조선 중기 이후로는 사대부 양반 계층에서도 정치 현실이나 사회 체제에 염증을 느껴 자발적으로 방외인의 삶을 택한 경우가 많았다. 이들은 작품에서 유협, 기인, 신선 등의 유형으로 그려졌다.

4부는 사회적으로 경계인으로 살았던 사람들의 전기이다. 임진왜란과 병자호란 등 전쟁을 거치면서 조선, 명나라, 일본 사이에 포로와 이주민이 많이 발생하였다. 자발적으로 귀화하였든 강제로 이주하였든 이들은 정체성의 혼란을 겪으며 어느 한 나라에 귀속되기 어려운 경계인으로 살아야 했다.

5부는 예술가들의 전기이다. 특히 사대부가 아닌 악사나 화가 등의 삶에 주목하였다. 사대부 문인에게 음악과 그림은 하나의 취미였으나, 이들에게 예술은 자기 존재 그 자체였다. 조선 후기에는 김성기金聖基나 김홍도金弘道처럼 이름난 악사나 화가가 많이 배출되었다. 예나 지금이나 예술가로 산다는 것은 고된 일이지만 신분제 사회에서 예술가로 산다는 것은 더욱더 그러했으리라.

6부는 특정 분야에서 뛰어난 역량을 발휘한 달인들의 전기이다. 조선 시대에 과학, 수학, 의술 등은 신분이 낮은 중인中人들이 담당하였다. 이들은 사회에서 제대로 대우받지 못하였지만, 자신의 직업에 대한 자부심과 책임감만큼은 대단하였다. 직업의 귀천을 떠나 자신의 분야에서 최고의 경지에 오른 이들의 열정과 노력에 경외심마저 든다.

7부는 자신의 삶을 기록한 자전自傳으로 구성하였다. 전은 본래 타인의 인생을 객관적으로 서술하는 것인데, 자전은 특이하게도 자신의 인생을 기록하였다. 도연명陶淵明의 「오류선생전五柳先生傳」 이래 자전의 작가는 탁전托傳의 형식을 취해 제삼자를 서술하듯 자신의 이야기를 풀어 나갔다. 이 때문에 희작戲作의 성향이 농후하였다. 그러나 자전을 창작한 동기나 작품에 그려진 인간적 고뇌는 결코 가볍지 않다. 이 책에서는 지금까지 많이 알려지지 않은 인물들의 자전을 중심으로 소개하였다.

필자는 선인들의 삶이 기록되어 있는 전을 번역하고 평설을 붙이면서 내가 만약 그 사람이었다면, 내가 만약 그런 상황을 맞닥뜨렸다면 어떻게 했을까 끊임없이 반문해 보았다. 독자들도 이 책을 읽으면서 그저 과거에 있었던 남의 이야기일 뿐이라 여기지 말고, 지금의 나 자신을 되돌아보는 계기가 되기를 희망한다.

2018년 2월

봄내 고을에서 안세현

차례

2부 여인으로 살다

3부 방외인으로 살다

4부 경계인으로 살다

5부 예인으로 살다

6부 달인으로 살다

7부 자신의 삶을 기록하다

1부

신념을 지키다

고집쟁이 황 노인
黃固執傳

임창택

"황 노인은 융통성이 없어서 혹 중용을 벗어나기도 했으나 참으로 어린아이의 마음을 잃지 않은 사람이다."

평양平壤에 황씨黃氏 노인이 살고 있었다. 사람들은 모두 그를 '황고집'이라 불렀는데, 그가 한번 작심한 것은 꺾을 수 없기 때문이다. 황 노인은 성품이 어질고 효성스러웠으며, 매우 순박하고 아이처럼 천진난만하여 꾸밈과 거짓이 없었다. 또 살아 있는 것들을 죽이지 않았다.

황 노인은 제사 준비를 할 때면 먼저 집 안팎을 깨끗이 청소하였다. 종들 중에서 깨끗하지 못한 자가 있으면 중문中門 안으로 들이지 않았다. 제사 때면 따로 쌀을 마련해 두었다가 떡을 많이 만들어서 가솔들을 먹였다. 실컷 먹을 수 있도록 하여 제수를 마련할 때 음식을 맛보려는 생각을 아예 차단한 것이다. 제수를 갖출 때에는 음식에 침이 튀지 않도록 아내와 여종들에게 말을 하지 못하게 하였다.

한번은 황 노인이 직접 대장간에 가서 제기를 만든 적이 있다. 그는 하루 종일 대장장이 옆에서 단정히 두 손을 모으고 무릎을 꿇은 채 공정이 끝나기를 기다렸다. 그 후 길에서 대장장이를 만날 때면 말에서 내려 경의를 표하였다.

선산에 오를 때는 늘 멀리 무덤이 보이면 말에서 내려 걸어갔다. 마을 어귀에서 무덤까지는 제법 거리가 있었다. 하루는 큰비가 내려 길이 진창이 되었다. 따르던 종이 황 노인에게 걸어갈 수 있는 상황이 못 된다고 하였지만, 그는 그럴 수 없다며 말에서 내려 걸어갔다. 신발이 진창에 빠지고 옷에 흙이 묻었지만 태연자약하게 걸어가며 싫어하는 기색이 전혀 없었다.

어느 명절날, 날이 아직 새지 않았는데 황 노인은 말을 타고 선산으로 향하였다. 보통문普通門 밖에 이르렀을 때 도적들이 일행을 가로막았다. 황 노인은 도적들에게 말을 주며 달랬다.

"말밖에 없으니 이것만 가져가면 좋겠네. 무덤에 가서 제사를 올려야 하니 의복은 줄 수 없네."

도적들은 황 노인의 말투가 공손한 것을 이상하게 여겨 종에게 누구냐고 물었다.

"성 밖에 사는 황 노인이십니다."

"이분이 황고집 노인이란 말인가?"

"그렇습니다."

도적들은 깜짝 놀라며 말고삐를 놓고 황급히 돌아섰다. 황 노인이 도적들을 부르며 말하였다.

"자네들은 재물을 가진 이를 만나면 빈손으로 돌아가지 않을 터인데, 이 말이라도 가져가게."

그러나 도적들은 뒤도 돌아보지 않고 가 버렸다.

황 노인 집안의 선산은 근교에 있어 고을 사람들이 나무하러 많이 갔다. 황 노인은 매양 나무꾼들에게 "봉분 주변의 나무를 상하게 하면 안 되네." 하며 나뭇값을 대신 치러 주었다. 간혹 그 돈에 욕심이 나서 다시 가는 사람이 있으면 나무꾼들이 그 사람을 꾸짖었다. 이 때문에 황 노인 집안의 선산 봉분 주변에는 나무들이 빽빽하게 잘 자랐다.

평안도 관찰사가 관사를 수리하기 위해 대들보로 쓸 재목을 구하였으나 찾을 수 없었다. 그래서 황 노인에게 선산에 있는 나무 한 그루를 쓰게 해 달라고 요청하였다. 황 노인은 관찰사의 부탁이라 거절하지 못하고 승낙하였다. 나무를 베는 날 황 노인은 의관을 갖추고 목수를 따라가서 나무를 부여잡고 슬피 울었다. 목수가 나무를 베어 평양 관아로 들고 들어가는데, 황 노인이 손으로 얼굴을 가리고 눈물을 흘리며 따라갔다. 나무를 찍어 쪼갤 때에는 관아의 뜰에 두 손을 모으고 서 있다가 나무껍질과 조각 들을 모두 수습하여 울면서 집으로 돌아왔다. 관찰사가 이 광경을 보고 후회하며 탄식하였다.

"나는 황 노인이 이처럼 슬퍼할 줄은 생각지도 못하였다. 일찍 알았더라면 나무를 베지 않았을 것이다."

언젠가 비가 연일 그치지 않고 내리자 아내가 하늘에 대고 성을 내며 욕을 하였다. 황 노인이 놀라 아내를 꾸짖었다.

"못됐구려. 이 무슨 말이오. 어찌 하늘을 욕할 수 있단 말이오. 하늘에 대고 욕을 할 정도면 사람에게는 어떻겠소."

아내는 친정으로 쫓겨났다가 한참이 지나서야 돌아올 수 있었다.

황 노인은 길을 가다가 나이 많은 이를 만나면 자기가 타던 말을 양보하고 걸어갔다. 상대방이 감히 타지 않으면 서로 양보하느라 해가 질 때까지 실랑이를 벌인 적도 있다.

황 노인 집의 종은 나무를 할 때 두 가지 길로 다녔다. 하나는 평탄하지만 돌아가는 길이라서 거리가 멀고, 다른 하나는 천길 낭떠러지로 위험하지만 거리는 짧았다. 황 노인은 매양 종에게 어느 길로 다녀왔는지 물었다. 빠른 길로 갔다 왔다고 하면 꾸짖고 밥을 주지 않고, 평탄한 길로 갔다 왔다고 속이면 기뻐하였다.

황 노인은 가솔들이 개나 말에게도 욕을 하지 못하게 하였다. 말을 타고 다닐 때 채찍질을 하지 않았으며, 말이 가는 대로 맡겨 두었다. 길에서 폭우를 만나 옷이 다 젖어도 채찍질하는 법이 없었다. 사람이 죽었다는 소식을 들으면 아는 사람이든 모르는 사람이든 그날은 고기를 먹지 않았다.

인현왕후仁顯王后가 승하하였을 때, 황 노인은 궁궐 문까지 걸어가서 10여 일을 두 손을 모으고 서 있었다. 어떤 재상이 이상하게 여겨 왜 그러고 있냐고 묻자 이렇게 대답하였다.

"먼 지방에서 국상이 났다는 이야기를 듣고 조문하고자 왔습니다."

"그럼 왜 궁궐에 대고 조문하지 않소이까?"

"주상 전하를 뵙지 못하였으니 조문하지 않은 것과 같습니다. 주상 전하를 직접 뵙고 조문할 수 있게 해 주십시오."

황 노인은 효행과 청렴으로 능참봉陵參奉에 천거되었으며, 후에 사도시 직장司䆃寺直長, 전생서 직장典牲署直長 등을 역임하였다. 황 노인은 한양에 있을 때 충신이나 효자를 기리는 정려旌閭를 지날 때면 반드시 말에서 내렸다. 관직에 있을 때에는 매양 관복을 매무시하고 업무에 임하였다. 매서운 한파에도 춥다 하지 않았고, 하루 종일 밥을 먹지 못해도 배고프다 하지 않았다.

죄를 지어 벌을 받아야 할 관아의 서리胥吏에게 황 노인이 물었다.

"자네는 늙은 어머니가 계신가?"

"예, 계십니다."

"내 차마 자네 어머니의 마음을 아프게 할 수 없다네."

황 노인은 그 서리를 용서해 주었다. 이 때문에 거짓을 고하여 요행히 벌을 면하는 자들도 있었다.

황 노인이 어느 재상을 배알하러 갔을 때, 그 집에서 진귀한 과일을 내왔다. 그는 그 자리에서 먹지 않고 과일을 소매에 넣어 집으로 가져왔다. 그는 종들에게 늙은 어머니가 계신지 물어보고, 계시다고 하는 이들에게 과일을 나누어 주며 일렀다.

"이것은 진귀한 과일이다. 너희들에게 줄 터이니 집에 돌아가서 어머니께 드리거라."

서리 중에 제사에 쓰는 소에게 먹일 조 서너 되를 숨긴 자가 있었다. 황 노인이 대로하여 도둑으로 처리하려고 하였다. 서리가 형벌을 받지 않으려고 달아나자 황 노인이 대청에서 내려와 그 뒤를 쫓아갔다. 사람들이 이를 보고 깊은 연못에서 물고기 찾기라고 놀려 대었다.

황 노인은 참으로 어린아이의 마음을 잃지 않은 사람이라 할 수 있다. 다만 원칙을 고집하며 융통성이 없어서 혹 중용을 벗어나기도 하였다. 그러나 천지의 운수가 쇠퇴한 때를 만나 오로지 순수하고 거짓 없는 성품을 지니고 물욕에 이를 빼앗기지 않은 사람은 황 노인밖에 없을 것이다. 그렇지만 벼슬에 나가 정무를 보는 것은 그에게 맞지 않는 일이다.

-『숭악집崧岳集』 권4

평양에 살았던 이름 모를 고집쟁이 황 노인 이야기이다. 이 글을 지은 임창택林昌澤, 1682~1723은 여러 가지 일화를 통해 융통성 없는 원칙 주의자 황 노인의 면모를 그려 내었다. 원칙 주의자가 가진 가장 큰 특성은 상황의 변화에 절대로 휘둘리지 않는 것이다. 그러나 지나치게 원칙을 고수할 경우 다른 사람과의 관계에서 많은 문제가 발생한다. 아내가 하늘에 대고 비좀 그만 뿌리라고 욕했다고 친정으로 쫓아내기까지 하였다.

원칙 주의자는 주변 사람을 피곤하게 만든다. 원칙 주의자가 조직의 책임자가 되었을 경우에는 더욱 그렇다. 조직에서 원칙만 내세우다 보면 인사 관리에 문제를 일으키며, 결국 조직 전체에 해를 끼친다. 그리하여 임창택은 황 노인이 벼슬에 나가 정무를 보는 것은 맞지 않다고 한 것이다. 원칙 주의자는 종종 바보 취급을 당하기도 한다. 자신이 세운 원칙을 절대적으로 신봉하기 때문에, 그 원칙으로 인해 도리어 우스꽝스러운 일을 당하는 경우가 있다.

그러나 이러한 문제의 근본 원인은 황 노인의 원칙에 있는 것이 아니라 이를 악용하는 사람들에게 있다. 황 노인은 자기주장만 고수하고 제 것만 챙기는 늙은이가 결코 아니었다. 황 노인의 고집과 원칙은 어린아이와 같은 순수함, 인간에 대한 예의, 생명에 대한 경외에서 비롯된 것이었다. 바로 여기에서 원칙 주의자의 긍정적인 파급력이 발생한다. 이에 따른 사회적 정화 기능을 결코 무시해서는 안 될 것이다.

쾌남아 성간

眞逸先生傳

성현

"이 세상에 남아로 태어났으니 곽자의 같은 사람을 본받아야지,
어찌 세속의 어리석고 잔단 사람을 본받겠는가."

진일선생眞逸先生은 나의 둘째 형인데 큰형보다 일곱 살 적다. 큰형이 성균관에서 공부할 때 선생은 아직 어려서 장난을 칠 나이였다. 그러나 심지가 굳고 거침이 없어서 매양 길게 한숨을 내쉬며 하늘을 우러러 탄식하였다.

"이 세상에 남아로 태어났으니 마땅히 곽자의郭子儀나 이광필李光弼• 같은 사람을 본받아야지, 어찌 세속의 어리석고 잔단 사람을 본받겠는가."

• 곽자의郭子儀나 이광필李光弼 : 당나라 때 안사安史의 난을 평정하여 왕실의 중흥을 이루는 데 큰 공을 세운 명장들이다.

그러고는 작대기를 들고 문에 서서 지나가는 사람을 보다가 조금이라도 공손하지 않은 사람이 있으면 다짜고짜 때렸다. 사람들은 모두 감당하기 어려운 사람이라 여겨 감히 가까이하지 않았다.

아버지가 사헌부 집의司憲府執義에 제수되자 관례에 따라 감찰들이 인사를 하러 왔는데, 그중에 이최李漼라는 이가 있었다. 그가 선생의 머리를 어루만지며 말하였다.

"내가 너희 아버지와 같은 해에 급제한 사람이다."

그러자 선생이 눈을 부릅뜨며 말하였다.

"우리 아버지는 중승中丞이라는 높은 관직에 올랐는데, 그대는 어디서 솔방울을 가지고 놀다가 아직도 낮은 관직에 있단 말이오?"

그러면서 작대기로 때리니 곁에 있던 사람들이 모두 포복절도하였다.

선생은 자유분방하여 몸가짐을 단속하지 않았으나 다른 사람이 책 읽는 소리를 들으면 가만히 그 말을 모두 기억하였다.

15세에 사마시에 응시하였다. 과거장에서 사람들이 붓을 잡고 끙끙거리며 답안을 작성하였으나, 선생은 한 구절도 쓰지 않은 채 덮개가 달린 수레를 탄 관복 차림의 인물을 섬돌에다 그릴 뿐이었다. 곁에 있던 나이 든 유생이 비웃으며 말하였다.

"어디에 사는 어린애인데 엄마 젖이나 빨지, 쓸데없이 이런 곳에 놀러 나왔나?"

선생이 대답하였다.

"이는 내가 입격한 뒤에 거리를 행진하는 모습을 그린 것이다."

날이 저물어 가자 종이를 펼쳐 놓고 답안을 쓰는데, 마치 비가 내리듯 거침없이 붓을 놀렸다. 선생이 당당히 입격하자 명단을 발표하는 날 어떤 사람이 "이 아이의 답안은 남의 손을 빌린 것이다."라고 기롱하였다.

선생이 발분하여 두보杜甫의 시를 1000번 읽더니 그 뜻을 훤하게 깨달았다. 내용이 어려워 미처 이해하지 못하는 부분은 마음을 기울여 연구해서 터득하였는데, 마치 칼을 잘 다루는 포정庖丁의 칼날이 닿는 곳마다 고기의 살과 뼈가 절로 분리되는 것과 같았다. 이로 말미암아 육경六經과 제자諸子와 사서史書를 두루 숙독하였다. 항상 밤늦도록 공부를 하며 띠를 풀지 않았고 잠자리에 등을 붙이지 않은 것이 10여 년이 되었다.

선생은 성품과 도량이 맑고 밝으며 남달리 총명하여 한 번 보면 바로 기억하였다. 잘 알려지지 않은 경서나 서적도 두루 찾아서 연구하였다. 다른 사람에게 좋은 책이 있다는 이야기를 들으면 온갖 고생을 마다하지 않고 백방으로 구해서 소장하였다. 상아로 만든 책갈피를 서가에 꽂아 두었는데 책이 방 안을 가득 채울 정도였다. 매양 문을 닫고 책장을 넘기면서 문밖 세상의 일에는 관심을 두지 않았다. 남루한 옷에 해진 관을 쓰고도 즐겁게 지냈다.

선생은 늘 『사기史記』를 구입하려고 했는데 구하지 못하였다. 어느 날 효령대군孝寧大君에게 좋은 판본이 있다는 소문을 듣고서 몸소 대군을 찾아뵙고 찾아온 이유를 아뢰었다. 대군은 독실하게 공부하는 선생을 가상하게 여겨 그 책을 내주었다. 선생이 책을 전대에 싸서 둘러메고 집으로 오다가 큰 시장을 지나게 되었다. 그런데 갑자기 전대가 풀어져 땅바닥에 책이 마구 쏟아졌다. 그 모습을 지켜보던 시장 사람들이 너 나 할 것 없이 떠들어 대며 미친 서생이라고 조롱하였다. 그러나 선생은 천천히 책을 수습하고는 뒤도 돌아보지 않고 집으로 갔다.

선생은 박람강기하고 손에서 책을 놓지 않았다. 시문을 지으면 호방하고 굳세고 법도에 잘 맞았으며, 속인들의 상투적인 격식에 빠지지 않았다. 명나라 시강侍講 예겸倪謙이 우리나라에 사신으로 왔다가 돌아갈 때, 선생이 누군가를 대신하여 전송하는 시를 지었다. 시강이 이 시를 보고 자신도 모르게 무릎을 꿇으며 말하였다.

"조선 사람의 글솜씨가 중국에 못지아니하다."

선생은 잡예雜藝에도 능통하였다. 천문, 지리, 의약, 복서卜筮, 서화, 산술, 역어譯語, 음운 등에 모두 정통하여 심오한 경지를 터득하였다. 잡예를 본업으로 하는 전문가들도 선생을 당해 내지 못할 정도였다. 관심의 폭이 넓다 보니 아쉽게도 과거에는 계속해서 급제하지 못하였다.

계유년1453, 단종1에 27세로 문과 제3등에 합격하여 전농시 직장典農寺直長에 제수되었다가 집현전 박사에 선발되었다. 집현전 학사들이 글을 읽다가 의문 나는 곳이 있으면 모두 선생에게 질문하였다. 선생은 즉시 답을 해 주었는데, 마치 얼음이 녹듯 의문이 풀려 미심쩍은 것이 남지 않았다. 얼마 후 박사에서 수찬修撰으로 승진하였다. 어느 날 문득 "나는 문학과 잡예는 모르는 것이 없는데, 음악은 잘 모르는구나."라고 탄식하며 거문고 연주법을 배웠다. 몇 달이 지나지 않아 손수 연주법을 터득하고 음률을 훤히 깨우쳤다. 선생은 지나치게 열심히 공부하며 조금도 쉬지 않았기 때문에 원기가 약해지고 몸이 수척해졌다. 그리하여 골격이 깡마르고 파리해져서 산택에 사는 은자의 모습을 면하지 못하였다.

병자년1456, 세조2에 집현전 학사들이 선동하여 단종 복위 사건을 일으켰다가 죽음을 당하고 집현전도 폐지되었다. 선생은 사간원 정언으로 옮겨 제수되었는데, 미처 관직에 나아

가지 못한 채 병이 나서 졸하였다. 이때가 30세였다. 항상 '내 운명은 병자년을 만나면 흉하다.'라고 예언하였는데, 그 말이 사실로 증명되고 말았다.

다음과 같이 찬贊한다.

선생의 학문으로도 평소 쌓은 역량을 사업에 시행해 보지 못하였고
선생의 재주로도 임금을 보좌하여 성세를 노래하지 못하였네
선생의 어짊으로도 서른을 넘기지 못하였고
선생의 현명함으로도 두 자식은 아직 사리를 분별 못해
아버지의 뜻을 잘 계승하지 못하네
태부太傅 가의賈誼는 한 문제漢文帝의 지우를 입었으나
끝내 장사長沙에서 요절하였고•
황숙도黃叔度는 만경창파 같은 넓은 도량으로도•

• 태부太傅……요절하였고 : 가의賈誼는 한나라 문제文帝 때의 문신으로, 22세 때 박사에 제수되었다. 태중대부太中大夫가 되어 법도를 제정하고 예악을 일으키는 등 많은 일을 하였으나 참소를 입어 장사왕長沙王의 태부로 좌천되었다가 33세에 죽었다.

• 황숙도黃叔度는……도량으로도 : 황숙도는 후한의 황헌黃憲으로, 숙도는 그의 자字이다. 후한의 명사名士 곽태郭泰는 황헌의 도량이 1000이랑의 물결과 같이 넓고 맑다고 칭송한 바 있다.

백성들에게 은택을 드리우지 못하였으니
선생이 바로 이들과 같은 사람이로다

–『허백당문집 虛白堂文集』 권13

성현成俔, 1439~1504이 둘째 형 성간成侃, 1427~1456의 호기로운 삶을 기록한 글이다. 이 글을 통해 남이 가지 않은 길을 가고자 했던 성간의 신념과 자기 확신을 엿볼 수 있다. 성간은 인생의 목표를 뚜렷하게 세워 놓고 남들의 시선이나 평가에 상관없이 그 목표를 향해 직진하였다. 성현은 성간의 포부, 성격, 재능, 공부 등 다양한 면모를 그렸는데, 이를 관통하는 핵심은 '범상치 않다'는 것이다.

어릴 때 성간이 한 행동을 보면 여느 사대부 집안의 자제 같지가 않다. 아버지 친구를 핀잔하며 작대기로 때리는 장면은 놀랍기 그지없다. 물론 철없는 어린아이의 행동으로 웃어넘길 수도 있으나, 사대부 집에서 교육받은 아이임을 감안할 때 괴팍스럽기까지 하다. 사마시를 보는 장면에서는 천재가 으레 가지고 있는 자신감이나 자만심이 느껴진다.

그렇다면 성현은 왜 이런 일화를 기록한 것일까? 웅대한 포부와 천재적 재능을 지닌 사람들의 범상치 않은 어린 시절을 보여 주기 위해서이다. 아울러 성간이 자신의 포부를 이루기 위해 기울인 노력을 부각하는 효과도 있다. 성간은 두보 시, 육경, 역사서, 제자서 등을 탐독하였으며, 『사기』를 구하기 위해 효령대군을 찾아가기까지 하였다. 서거정徐居正의 『필원잡기筆苑雜記』에도 성간의 독서벽에 관한 일화가 전한다. 성간이 집현전 학사였을 때, 장서각에 파묻혀 밤낮으로 책을 읽자 동료들이 그를 '서음전벽書淫傳癖'이라 놀려 댔다는 것이다.

성간의 범상치 않음은 무엇보다 천문, 지리, 의약, 서화, 수학, 역어 등에 모두 정통하였다는 데에 있다. 조선 사회에서 이러한 분야는 중인中人 계층이 담당하였으며, 사대부는 대개 관심을 두지 않았다. 성간은 이 분야를 열심히 공부하였을 뿐만 아니라, 전문가보다 더 뛰어난 능력을 갖추었다. 이 모든 것은 그의 천재성이 아니라 노력의 결과이다.

그러나 성간은 자신의 웅대한 포부를 펼쳐 보이기도 전에 나이 서른에 병으로 요절하고 말았다. 자신의 포부를 실현하기 위해 건강을 돌보지 않고 공부에 몰두하였기 때문이다. 성현은 대단한 인물이 요절하였다는 것, 더욱이 그가 자신과 피를 나눈 형제라는 것이 안타까워 이 글을 지었다. 그러나 성현은 지나칠 정도로 담담한 어조로 형의 삶을 기록하였다. 찬贊하는 말 역시 그리 격정적이지는 않다. 상당히 객관적으로 서술하려고 한 의도가 보인다. 역설적이게도 그래서 더 읽는 이에게 안타까움을 느끼게 한다.

효자 한룡

韓孝子傳

황현

"겨울이 두 번 지나도록 아버지가 오시지 않으니 제가 아버지를 찾아 섣달 안에 돌아오겠습니다."

한룡韓龍은 충청도 청주 사람이다. 가족은 운봉雲峯의 산덕촌山德村에 살았다. 아버지는 평소 명산에 가서 기도하는 것을 좋아하여 종종 집을 떠나 한 해가 지나도록 돌아오지 않았다. 병인년1866, 고종3 봄에 아버지가 집안사람들을 모아 놓고 말하였다.

"이번에 서울에 올라가 과거에 응시한 뒤 서북 지역을 유람하고 오겠다. 겨울까지는 반드시 돌아올 것이다."

그런데 아버지는 겨울이 다 지나도 돌아오지 않았다.

무진년1868 봄에 열여섯 살이 된 한룡이 어머니에게 고하였다.

“겨울이 두 번이나 지났는데도 아버지가 돌아오시지 않으니, 제가 아버지를 찾아 나서겠습니다. 이제 봄에 떠나 섣달에는 돌아오겠습니다. 끝까지 이 약조를 저버리지 않을 것이니, 어머니는 부디 제 걱정은 마십시오. 또 형이 있고 동생이 둘이나 있으니, 어머니께서 사시는 데에는 지장이 없을 것입니다.”

한룡은 그날로 보부상이 되어 영남 쪽으로 가려다가 문득 생각을 바꾸었다. ‘보부상은 저자만 돌게 되니, 전국을 샅샅이 수색할 수가 없다. 유기鍮器를 파는 장사꾼이 제일 좋겠다.’라고 결심한 그는 식기와 수저 등으로 행장을 다시 꾸리고는 유기를 사라고 소리치며 집집마다 돌아다녔다. 궁벽한 마을에서 거친 숲속, 너른 들판, 외딴섬, 허물어진 사찰은 물론 호랑이 굴과 도깨비 굴까지, 언 밥을 먹고 한뎃잠을 자면서 안 가 본 곳이 없었다. 동쪽으로는 동래와 부산까지 가 보았고, 남쪽으로는 바다를 건너 탐라까지 이르렀으며, 서쪽으로는 압록강을 거슬러 올라가 백두산 일대까지 둘러보았으나, 끝내 아버지를 찾지 못하고 돌아왔다.

갑술년1874 1월 1일에 한룡이 다시 집을 나서면서 어머니에게 절하고 울며 이별을 고하였다.

“해마다 헛수고만 하고 성과가 없었습니다. 맹세코 이번에 나가면 돌아오든 돌아오지 못하든 기필코 아버지와 함께하겠습니다.”

마을의 노인들이 안타까워하며 이집 저집 그를 불러 밥을 해 먹이고는 떠나보냈다. 한룡은 7월에 금강산에 이르러 표훈사表訓寺로 들어갔다. 그곳에서 김씨 성을 쓰는 관서 사람을 만났는데 그간의 사정을 말하니 그가 이렇게 말하였다.

"7년 전 평안도 묘향산에 있을 때 호남 출신의 한군韓君을 알고 지냈는데, 나이나 모습이 그대의 말과 비슷하오. 그때 병이 위중했는데, 그 뒤에 어떤 사람이 전하는 말로는 죽었다고 합디다. 아마 그대의 아버지가 맞는 듯하오."

한룡이 울부짖으며 비통해하자 김씨가 타일렀다.

"여기서 묘향산까지는 1000여 리나 되는데, 그대가 제 몸을 아끼지 않으면 어떻게 아버지를 찾아갈 수 있겠소. 더구나 아직 죽었다고 단정할 수 없소이다. 그때 내가 보니, 연봉蓮峯과 취봉翠峯 두 노인이 그대의 아버지를 객사에서 치료해 주고 있었소. 그대는 내 편지를 가지고 가 보시구려."

한룡이 묘향산에 도착하니 8월 중순이었다. 아버지는 이미 병인년 모월에 죽어서 보현사普賢寺의 동문洞門 밖에 가매장되어 있었다. 한룡이 하늘을 향해 울부짖으며 통곡을 하였다. 연봉이 그를 불쌍히 여겨서 유골을 수습하여 자루에 넣고 노자를 주어 보냈다. 한룡은 자루를 지고 20여 일을 걸어 집에 도착하였다. 마침내 형제들은 늦게나마 삼년상을 치렀다.

-『매천집梅泉集』 권7

아버지의 행적을 찾느라 젊은 날을 바친 효자 한룡의 이야기이다. 한룡이 어렸을 때 아버지는 과거 시험을 보러 서울에 갔다가 집으로 돌아오지 않았다. 글의 내용으로 볼 때, 한룡의 아버지는 과거를 본 후 황해도, 평안도 등을 유람하였는데, 그곳에서 큰 병이 나서 집으로 돌아갈 수 없는 상황이었다. 하지만 한룡의 가족은 이를 알 길이 없었다.

그로부터 2년 후 열여섯 살이 된 한룡은 아버지를 찾아 나섰다. 열여섯 살에 관례를 치르므로, 한룡이 비로소 성인으로 인정받는 나이가 된 것이다. 한룡은 치밀한 계획을 짠 뒤 길을 나섰다. 장기간 생계를 유지하면서 여러 곳을 샅샅이 수색하기 위해 유기를 파는 상인이 된 그는 몇 년 동안 부산, 제주도, 압록강 등 전국 곳곳을 뒤지고 다녔다.

그러나 끝내 아버지를 못 찾고 집으로 돌아왔다가 스물두 살에 다시 아버지를 찾아 길을 나섰다. 이번에는 죽기를 각오하였다. 결국 그의 집념으로 아버지의 소재를 찾았으며, 유골이나마 거두어 아버지가 고향에서 편히 잠들 수 있게 하였다.

이 글에는 일반적인 전에 보이는 논찬 부분이 없다. 논찬이 있었다면 작가는 한룡의 효심에 대해 논평을 하였을 것이다. 그런데 이 글을 지은 황현黃玹, 1855~1910은 그렇게 하지 않았다. 제목에서 이미 '효자'라 하였으니 한룡의 효심을 재차 강조할 필요성을 느끼지 못한 듯하다.

절의지사 유응부

兪應孚傳

남효온

"충성스러운 격분은 대낮의 해를 꿰뚫고
의로운 기개는 가을 서리보다 차가웠다."

유응부兪應孚, ?~1456는 무인武人이다. 씩씩하고 용감하며 활을 잘 쏘았다. 세종과 문종 두 임금이 모두 아끼고 중용하여 품계가 2품에 이르렀다.

유응부는 병자년1456, 세조2에 단종을 복위시키려던 일이 발각되어 대궐 뜰로 잡혀왔다. 세조가 물었다.

"너는 무엇을 하려 했느냐?"

"사신을 초대하여 연회하던 날에 한 자의 검으로 그대를 폐위하고 옛 임금을 복위시키려 하였소. 불행히도 간사한 사람에게 고발을 당하였으니 내가 다시 무엇을 하겠소. 속히 나를 죽이시오."

세조가 불같이 화를 내며 꾸짖었다.

"너는 상왕 복위를 명분으로 내세워 이 나라 사직을 도모하고자 한 것이다."

세조가 무사를 시켜 그의 살갗을 벗기며 죄상을 물었다. 유응부는 죄를 인정하지 않고 성삼문成三問, 1418~1456 등을 돌아보며 말하였다.

"사람들이 늘 서생書生과는 일을 함께 도모하기 어렵다고 하더니, 과연 그렇구나. 지난번 사신을 초대하여 연회하던 날 내가 칼을 뽑으려 하였다. 그런데 그대들이 만전의 계책이 아니라고 굳이 나를 저지하여 오늘의 화를 초래하고 말았다. 그대들은 사람이면서 계책이 없으니 짐승과 무엇이 다르단 말인가."

그러고는 세조를 향해 말하였다.

"만약 정황 이 외에 자세한 사정을 듣고자 한다면, 저 더벅머리 유자儒者들에게 물어보시오."

그가 입을 굳게 닫고 더 이상 대답을 안 하자 세조가 더욱 노하여 불에 달군 쇠로 유응부의 배 아래를 지지라고 명하였다. 살과 불이 함께 지글거렸으나 얼굴빛 하나 변하지 않았다. 유응부는 서서히 쇠가 식기를 기다렸다가 땅에 집어 던지며 외쳤다.

"쇠가 식었으니 다시 달구어 오라."

그는 끝내 죄를 인정하지 않고 죽었다.

유응부는 천성이 지극히 효성스러워서 어머니의 마음을 위로할 수 있는 일이라면 무엇이든 하였다. 아우 유응신兪應信과 함께 활을 쏘아 사냥을 잘하는 것으로 세상에 이름이 났는데, 짐승을 발견하고 활을 쏘면 맞히지 못하는 경우가 없었다. 집안이 가난하여 쌀독 하나를 채울 곡식이 없었으나 어머니를 지극정성으로 봉양하였다. 어느 날 두 형제가 어머니를 모시고 포천의 전장田莊으로 가는 길이었다. 형제가 갑자기 말 위에서 몸을 날려 하늘을 향해 활을 쏘았다. 활시위 소리가 나자마자 기러기가 땅에 떨어지는 것을 보고 어머니가 매우 기뻐하였다.

유응부는 키가 보통 사람보다 크고 용모가 장엄하며, 오릉於陵의 중자仲子•처럼 청렴하였다. 재상이 되어서도 거적으로 방문을 가렸고, 밥 먹을 때도 상에 고기를 올리지 않았다. 때로 양식이 떨어져서 처자식이 원망하고 탓하기도 하였다. 유응부가 죽던 날 그의 식구들이 눈물을 흘리며 길 가는 사람들에게 하소연하였다.

"살아서는 제대로 보살핌을 받지 못하였고 죽어서는 큰 화를 당하게 되었다오."

• 오릉於陵의 중자仲子 : 오릉은 지명이고, 중자는 전국 시대 제齊나라의 진중자陳仲子이다. 진중자는 매우 청렴하여 오릉에서 몸소 신을 만들고 아내가 길쌈하여 생계를 유지하였다.

처음 거사를 모의할 때에 유응부가 좌중을 둘러보며 주먹을 불끈 쥐고 결의를 보였다.

"권람權擥과 한명회韓明澮를 죽이는 데에 이 주먹 하나면 충분하다. 어찌 큰 검을 쓰겠는가."

일찍이 함길도 절제사咸吉道節制使로 있을 때 다음과 같은 시를 지었다.

장군이 부절을 잡고 변방 오랑캐를 진압하니
변방엔 전쟁이 없어 병졸들은 편히 잠드네
빼어난 말 오천 필이 버드나무 아래서 울고
좋은 매 삼백 마리가 누각 앞에 앉아 있도다
將軍持節鎭夷邊　紫塞無塵士卒眠
駿馬五千嘶柳下　良鷹三百坐樓前

이 시를 통해 유응부의 기상을 엿볼 수 있다. 유응부는 아들은 없고 딸 둘을 두었다.

태사씨太史氏는 말한다.

누군들 신하가 아니겠는가마는 육신六臣의 신하다움이 지극하다. 누군들 죽지 않겠는가마는 육신의 죽음은 참으로 장대하다. 살아서는 임금을 사랑하여 신하로서의 도리를 다하였고, 죽어서는 임금에게 충성하여 신하로서의 절개를 지켰다. 충성스러운 격분은 대낮의 해를 꿰뚫고 의로운 기개는 가을 서리보다 차가웠다. 백대의 신하들로 하여금 일편단심으로 임금을 섬기는 의리를 알게 하여 절의를 천금처럼 여기고 목숨을 터럭처럼 여김으로써 인仁을 이루고 의義를 취하게 하였다. 군자들은 "은殷나라의 삼인三仁•과 우리나라의 육신은 행적은 다르지만 도리는 같으니 거룩하도다."라고 한다.

세조는 영의정으로 있을 때에는 그 공훈이 주공周公에 비견되고, 왕위에 올라서는 그 덕이 순舜 임금과 같았기에 그 높고 큰 덕을 무엇이라 형용할 수 없을 정도였다. 그러하니 육신이 복종하지 않은 것이 무슨 허물이 되겠는가. 백이伯夷가 서산西山에서 고사리를 캐 먹다 죽었으나• 주周나라 무왕武王의 덕이 실추되지 않고, 엄광嚴光이 동강桐江에서 낚시질하였으나• 한나라 광무제光武帝의 공이 손상되지 않았던 것과 같다.

• 은殷나라의 삼인三仁 : 은나라 말기의 충신 미자微子, 비간比干, 기자箕子이다.

• 백이伯夷가……죽었으나 : 백이는 은나라 고죽군孤竹君의 아들로, 주나라 무왕이 은나라를 정벌할 때 도의에 어긋난다며 무왕을 만류하였으나 무왕이 듣지 않자 수양산에 들어가서 고사리를 캐 먹으며 숨어 살다가 죽었다.

• 엄광嚴光이 동강桐江에서 낚시질하였으나 : 엄광은 후한 광무제 때의 고사高士로, 광무제가 즉위하여 그를 간의대부諫議大夫에 제수했으나 사양하고 부춘산富春山에 은거하여 세상에 나오지 않았다.

아, 육신으로 하여금 그들의 단심丹心을 금석金石에다 기록하고 강호에서 편안히 늙어 가게 하였더라면, 단종의 수명은 연장될 수 있고 세조의 정치는 더욱 융성하였을 것이다. 그러나 불행히도 마음이 격분하여 끝내 온 들판을 불태우고 말았으니, 슬프도다.

삼가 조사弔辭를 짓노라.

당초 매서운 기운 그쳤을 때
모든 구멍이 막히었으나•
서리와 눈 하얗게 내렸을 때
소나무만이 홀로 푸르렀네
신하의 머리카락은
임금을 사랑하여 희어지니
머리는 자를 수 있으나
절개는 굽힐 수 없었네
다른 사람이 주는 곡식
죽더라도 먹지 않았으니

• 매서운……막히었으나 : 『장자』 「제물론齊物論」에 "매서운 바람이 그치면 모든 구멍이 비어서 고요해진다."라고 하였다. 여기서는 세조의 왕위 찬탈이라는 폭풍이 그친 뒤 모든 사람이 입을 닫고 가만히 있었음을 말한 것이다.

고죽•의 맑은 바람이요
시상•의 밝은 달이로다
땅속에 충혼이 계시니
원통한 피 한 움큼 맺혔으리

厲氣初濟　衆竅爲塞
霜雪皎皎　松獨也碧
有臣之首　愛君而白
有頭可截　節不可屈
他人之粟　寧死不食
孤竹淸風　柴桑明月
土中有鬼　冤血一掬

–『추강집 秋江集』 권8

남효온南孝溫, 1454~1492이 지은 「육신전六臣傳」 중 유응부에 대한 글이다. '사육신死六臣'이라는 말은 바로 이 「육신전」에서 비롯하였다. 사육신은 세조를 폐하고 단종을 복위시키려다 발각되어 죽음을 당한 여섯 명의 신하를 일컫는다. 사육신

• 고죽 : 은나라의 은자 백이伯夷를 가리킨다. 고죽군孤竹君의 아들이다.
• 시상 : 진晉나라 도잠陶潛을 가리킨다. 도잠은 시상柴桑이라는 곳에 은거하였다.

하면 대개 박팽년朴彭年, 성삼문成三問 등의 문신文臣을 떠올리며 유응부는 잘 알지 못한다. 유응부가 무신武臣인 데다가 「육신전」의 마지막에 들어 있어서인 듯하다.

남효온은 이 글에서 유응부의 의리와 기개를 부각하였다. 대개의 전이 서두에 가계와 인품 등을 서술하는 데 비해 이 글은 국문 장면을 전면에 내세웠다. 분노에 찬 세조와 당당히 맞서는 유응부의 기개가 압권이다. 자신의 살을 지지는 쇠가 식었다며 다시 달궈 오라고 한 대목에서는 과연 사람인가 싶을 정도의 섬뜩함까지 느껴진다.

남효온은 유응부를 비롯한 「육신전」의 논찬에서 육신을 중국 은나라 말기의 삼인三仁에 비견하였다. 삼인은 미자, 비간, 기자를 말한다. 주왕紂王이 폭정을 일삼자, 비간은 간하다가 죽음을 당하였으며 미자는 왕을 떠났고 기자는 미친 척하며 목숨을 부지하였다. 결국 남효온은 세조를 폭군 주에 빗댄 것이다. 그러면서 세조가 주공周公처럼 했더라면, 또 무왕처럼 했더라면 역사에 훌륭한 인물로 평가를 받았을 것이라며 안타까움을 드러내었다.

주공은 중국 주나라 무왕의 동생이자 성왕成王의 숙부이다. 형인 무왕을 도와 은나라 폭군 주를 정벌하였으며, 주나라 건국 후에는 문물제도를 정비하는 데에 큰 공을 세웠다. 무왕이 죽고 어린 조카 성왕이 즉위하였을 때, 군신의 의리에 따라 성왕을 잘 보필하였다. 세조 역시 단종 때 영의정을 맡았는데, 남효온은 세조가 영의정일 때 세운 공을 높이 평가하였다. 그러나 세조는 주공과 달리 어린 조카를 내몰고 자신이 왕위를 차지하고 말았다. 군신의 의리를 저버린 것이다.

백이는 은나라 말기의 현인으로, 주나라 무왕이 은나라의 주왕을 정벌하려고 할 때, 아우 숙제叔齊와 함께 무왕의 군대를 막아서며 정벌의 불가함을 말하였다. 백이는 무왕에게 두 가지를 지적하였다. 아버지의 상중에 전쟁을 일으키는 것은 효가 아니며, 신하로서 주군을 치는 것은 의가 아니라는 것이다. 이때 무왕의 장수들이 백이를 죽이려 하였으나, 무왕은 의인을 죽이면 안 된다며 살려 주었다. 백이는 불의한 임금의 녹봉을 먹을 수 없다며 수양산으로 들어가 살다 굶어 죽었다.

세조가 무왕처럼 사육신을 살려 주어 백이처럼 강호에서 충의를 지키게 하였더라면, 자신의 덕이 실추되는 것을 막을 수 있었을 것이다. 그러나 세조는 사육신을 모두 죽였으며 상왕 단종 역시 폐위하여 유배 보낸 뒤 죽이고 말았다. 남효온은 단순히 사육신의 충의를 부각하기 위해 「육신전」을 지은 것이 아니다. 조선 사회 전체에 야기된 역사적 비극과 신념의 붕괴를 개탄한 것이다.

남효온은 목숨을 걸고 「육신전」을 지었다. 이 글을 지을 당시 육신은 여전히 역모를 꾀한 죄인이었으며, 단종은 이 죄인들과 더불어 복위를 꾀한 폐위된 임금이었다. 단종과 육신을 거론하는 것 자체가 금기시되던 시대였다. 그러나 남효온은 불의한 것을 불의하다고 말하였다. 인간에 대한 애정, 정의에 대한 믿음, 역사에 대한 사명감이 없었다면 결코 해내기 어려운 일이었을 것이다.

의병 김경달

砲手金敬達傳

유인석

"의병이 모두 흩어졌으나 김경달만은 끝까지 총을 쏘았다. 적의 포로가 되어서도 안색 하나 변하지 않았다."

김경달金敬達의 집안은 대대로 춘천 남산외면南山外面 사동寺洞 재궁리齋宮里에 살았다. 그의 아버지 김학동金學同은 일을 맡아 처리하는 것이 신중하여 마을 사람 모두가 특별하게 대했는데, 그는 나의 본생가本生家 고조부의 묘지기였다.

나는 김경달과 같은 마을에서 함께 성장하여 그의 사람됨을 잘 알고 있다. 김경달은 부모에게 효도하고 형제간에는 우애 있게 지내는 지극히 착한 성품의 소유자였다. 여름에는 농사짓고 겨울에는 사냥하여 부모를 잘 봉양하였다. 늦게 분가하여 형과 따로 살았는데, 새로운 음식이 생기면 반드시 형에게 보내어 형이 먹고 난 뒤에 먹었고, 계절마다 입는 옷도 형이 입는 것을 본 다음에 입었다. 입으로는 속된 말을 하지 않고 몸으로는 천한 행동을 하지 않았다. 법도에 맞고 지조를 지키는 행실은 비록 경학을 공부하는 사람이라도 그보다 나을 것이 없었다. 나의 스승 고故 성재省齋 유중교柳重敎, 1832~1893 선생도 그의 행실을 듣고 직접 찾아가서 격려하기도 하였다.

을미년1895, 고종32에 난적亂賊이 왜적의 세력을 끼고 국모國母, 명성황후를 시해하여 임금을 욕보였다. 전통 복장을 훼손하고 단발령을 시행하여 중화 문화를 오랑캐로 만들고 사람을 짐승으로 만들었다. 이에 항거해 의병이 사방에서 일어났는데, 춘천의 선비 유중락柳重洛, 1842~1922이 의병을 일으키자 김경달이 포수로 그의 부대에 예속되었다. 여러 군의 의병 부대에서 적당을 맞아 싸웠는데, 양근楊根에서 패배하여 의병이 모두 흩어지고 김경달만 홀로 우뚝 서서 총을 쏘았다. 적병이 그를 체포하여 가평읍加平邑으로 데려가서 포박한 끈을 풀어 주며 회유하였다.

"우리에게 항복하여 함께 일을 하면 전화위복이 될 것이다."

김경달이 적을 크게 꾸짖으며 말하였다.

"나는 나라를 위해 원수를 갚고 중화를 도와 나라를 일으키고자 하였다. 난적을 없애지 못한 것이 한스러울 뿐이다.

나는 당당하게 의리를 지킬 것이다. 어찌 너희들에게 붙어서 살기를 도모하겠느냐."

적이 위협하였다.

"지금 총을 쏘면 네 등에 곧 총알이 박힐 것이다."

김경달은 적에게 등을 내보이며 꿋꿋하게 서 있었는데 안색에 아무런 변화가 없었다. 적이 공포탄을 쏘자 오히려 김경달이 꾸짖었다.

"죽이려면 빨리 죽여라. 너희들이 어찌 감히 나를 희롱하느냐. 내가 어찌 죽음을 두려워하는 사람이겠느냐."

적들이 재차 회유하여도 듣지 않았고, 공포탄을 쏘아 가며 세 번 회유하였으나 끝내 거절하였다. 김경달이 적을 더욱 사납게 꾸짖자, 비로소 그를 총살하였다. 병신년1896 2월 어느 날이었다.

소식을 들은 온 나라 사람이 애통해하면서 그를 장하게 생각하였고, 사림에서는 많은 선비가 글을 지어 기렸다. 정유년1897 겨울에 내가 요동遼東에서 고향으로 돌아와 그의 묘소에 곡하고 그의 자식을 위로하였다. 나는 의병을 일으키고도 아직 죽지 못한 자이니 김경달에게 심히 부끄럽다.

고흥자高興子는 말한다.

김경달이 죽은 의리에 대해 누군들 천하에 가장 큰 의리라고 말하지 않겠는가. 김경달이 이처럼 의리를 지키고 죽었으니 누군들 천하에 가장 어려운 일을 하였다고 말하지 않겠는가. 아, 장하다!

저 난적들은 본래 모두 고귀하고 현달한 권문세족인데 망극한 변고를 만들어 내었다. 조정에 가득한 고귀하고 현달한 공경과 학사 들은 임금이 준 음식을 배불리 먹고 임금이 내린 옷을 화려하게 입으면서도 나라의 변고에는 죽는 이가 한 사람도 없다. 김경달은 궁벽한 시골에 사는 백성으로서 이러한 일을 하였으니, 참으로 하기 어려운 일을 한 것이 아니겠는가. 김경달의 집안사람들에게 말하노니, 삼가 집안의 개나 돼지를 세속에 풀어놓지 마시라. 고귀하고 현달한 자들의 음식 찌꺼기를 먹어 김경달의 의로운 혼백을 노엽게 할까 두렵도다.

옛적에 포수 이사룡李士龍, 1612~1640이 의로운 일에 목숨을 바쳤는데,• 우암尤庵 송시열宋時烈, 1607~1689의 글을 얻어 그의 이름이 천하에 드러났다. 김경달을 이사룡과 비교하면 오히려 그보다 낫지, 못하지 않다. 세상에 송시열 같은 사람이

• 이사룡李士龍이……바쳤는데 : 이사룡은 1640년 청나라가 명나라를 치기 위하여 조선에 원병을 청하자 포사砲士로 징발되었다. 그는 임진왜란 때 도와준 명나라의 은혜를 생각하여 명나라 군대에 공포空砲를 쏘다가 발각되어 죽었다. 송시열이 이사룡의 의로운 죽음을 기려 「포수이사룡전砲手李士龍傳」을 지었다.

없으니 역시 슬프도다. 그렇다 하더라도 어찌 김경달에게 손해될 것이 있으랴.

－『의암집 毅菴集』 권50

을미사변 때 의병에 참여하였다가 포로가 되어 장렬하게 죽음을 맞이한 의병 김경달金敬達, 1849~1896의 전기이다. 이 글을 지은 유인석柳麟錫, 1842~1915은 조선 후기의 학자로 을미사변 때 제천과 영월 등지에서 의병장으로 활약하였다.

을미년에 일어난 의병을 이른바 '을미의병'이라고 한다. 1895년 명성황후가 시해되고 단발령이 강제로 시행되자, 전국의 유생이 중심이 되어 친일 내각의 타도와 일본 세력의 축출을 기치로 의병을 일으켰다. 경기, 강원, 충청에서 시작하여 전국으로 확대되었다. 유인석은 친일 정권을 '나라를 어지럽히는 도둑'이라는 의미에서 '난적亂賊'으로 표현하였다.

춘천에서는 화서華西 이항로李恒老, 1792~1868의 문인들이 주축이 되어 의병을 일으켰다. 유중교와 유중락, 유인석 등은 이항로의 문인인데, 이들은 모두 위정척사衛正斥邪를 주장하였다. 김경달은 춘천의 촌민村民으로 유생은 아니었으나 유중교 등의 영향을 받아 함께 의병에 참여하였다.

김경달은 나라의 녹을 먹는 관리도 아니요, 경사經史를 공부한 선비도 아니다. 소위 배운 것 많고 가진 것 많은 조정의 대신과 학사 들은 이처럼 나라가 위태로운 지경인데도 자신의 안위만 생각할 뿐 누구 하나 책임지는 사람이 없었다. 개화파가 옳으니 위정척사파가 옳으니 하는 역사적 평가를 떠나, 자신의 신념과 의리를 지키기 위해 목숨을 내던진 충의지사忠義之士 김경달에게 모두가 부끄러워해야 한다. 유인석의 글을 통해 촌에 사는 무지렁이 백성 김경달의 이름과 의로운 행적을 알 수 있게 된 것이 그나마 다행이다.

2부

여인으로 살다

백세부인 허씨

기녀 논객 가련

여군자 체상 여인

여성 유협 정유

효녀 두련

절부 김씨

백세부인 허씨

百歲夫人傳

유언호

"조짐이 드러나지 않은 일을 미리 경계하는 것,
이는 사내대장부도 하기 어려운 것이다."

백세부인百歲夫人은 양천陽川 허손許蓀의 딸이며 평산平山 신영석申永錫의 아내이다. 103세까지 살았기 때문에 세상에서 '백세부인'이라고 불렀다. 부인에게는 동생 허종許琮과 허침許琛이 있었다. 부인과 동생들의 집은 도성 서북쪽에 아래위로 있었다. 허씨와 신씨는 당시에 저명한 가문이어서 나라 사람들이 이곳을 '신허동申許洞'이라 하였는데, 지금의 사직동社稷洞이다.

부인은 성품이 조용하고 덕행이 방정하며 식견이 넓고 사려가 깊었다. 아들 신원申援은 어릴 때부터 의로운 가르침을 따라 준걸이라는 명성이 있었다. 동류가 그를 크게 추앙하였으며, 안평대군安平大君이 더욱 그를 아꼈다.

안평대군이 동지들과 뜻을 모아 문주회文酒會를 만들었는데, 신원도 초대를 받아 그 자리에 가려고 하였다. 부인이 아들을 말리며 말하였다.

"평소 사람들과 어울려 노는 것을 좋아하지 않더니 지금 왜 그와 함께 놀려고 하느냐. 가지 않는 것이 좋겠구나."

"하지만 약속은 지켜야 합니다."

"그럼 가더라도 늦지는 말거라. 내가 여기 앉아서 돌아올 때까지 기다리마."

신원이 집을 나서 모임에 가는 도중 갑자기 묵은 병이 재발하여 가던 길을 멈추고 근처에 있는 집에서 치료를 받았다. 그때 안평대군은 빈객들을 대청 가득 모아 놓고 신원이 오기를 기다리고 있었다. 그러다 사람들을 통해 신원이 병이 난 정황을 알게 되었으며, 좌중에 있는 사람들 모두가 안타까워하였다.

신원이 병세가 심해져서 집으로 돌아오자 부인이 말하였다.

"예전에 앓던 병이 다시 발병한 게 오히려 다행이다. 예부터 왕실의 걸출한 자제로서 빈객들을 결집하여 명성을 취한 사람 중에 무사히 생을 마친 자가 누가 있더냐. 이 때문에 네가 그 모임에 가는 것을 좋아하지 않았던 것이다."

세조대왕은 간간이 안평대군의 모임에 사람을 보내 정탐

을 하였다. 계유년1453, 단종1에서 병자년1456, 세조2 사이 모임에 참여했던 사람들은 거의 모두 죽음을 당하였고, 신원만이 화를 면하였다. 세조는 왕위에 오르기 전부터 안평대군이 자기 재능을 믿고 사람들과 널리 교유하는 것에 대해 늘 불만을 가지고 있었다. 그러나 이때만 해도 일의 조짐이 아직 나타나지 않았고 의심이 싹트지 않은 때였다. 그런데 오직 부인만이 이렇게 될 줄을 미리 알았던 것이다.

동생인 허종과 허침은 엄격한 부인을 어머니처럼 모셨다. 출타하거나 귀가할 때면 일일이 부인에게 문안을 드렸는데, 춥건 덥건 바람이 불건 비가 오건 늦은 밤이건 이른 새벽이건 빠뜨리는 법이 없었다.

성종대왕이 폐비 윤씨에게 사약을 내릴 때 허침이 형의 집행을 감독하는 직임을 맡았다. 허침은 어명을 받아 정신이 없던 터라 부인에게 인사하러 들어가지 않았다. 부인이 성을 내며 급히 사람을 보내 꾸짖었다.

"아무리 어명을 받아 가는 길이 바쁘다고 하나, 감히 나에게 인사도 없이 가서야 되겠느냐."

허침은 어쩔 수 없이 들어가 부인을 뵈었다. 부인은 허침에게 앉으라고 명한 뒤 일부러 아무 말도 하지 않고 있었다. 허침이 일어나 가 보겠다고 하였으나 여전히 응답하지 않았다. 어명이 서너 차례 이르고, 서리들이 줄지어 와서 재촉하였다.

그런데도 부인은 허침을 보내 주지 않았다. 얼마 지나지 않아 서리가 와서 아뢰었다.

"허침 공이 나오지 않아 파직되었으며 다른 사람이 그 임무를 대신하게 되었습니다."

이윽고 부인이 근심스러운 표정으로 크게 탄식하며 말하였다.

"나의 아우가 다행히 죽음을 면하게 되었구나. 그러나 무고한 사람에게 해를 끼치게 되었으니 슬픈 일이로다."

허침이 그 이유를 묻자 이렇게 대답하였다.

"너는 모른단 말이냐. 규방의 사소한 잘못을 가지고 사람을 죽음에 이르게 해서는 안 된다. 하물며 국모에게 그렇게 해서야 되겠느냐! 어미를 죽여 놓고 신하가 그 아들에게 후환이 없기를 바랄 수 있겠느냐."

연산군이 즉위하자 허침을 대신하였던 자가 제일 먼저 화를 당하였다. 모든 것이 부인이 말한 그대로였다. 이처럼 부인은 기미를 밝게 알아채고, 이치에 맞게 변란에 대처하였다.

허종과 허침은 연이어 정승 자리에 올라 나라의 두터운 신망을 받았다. 두 사람은 공적인 일이건 사적인 일이건 큰 일이건 작은 일이건 부인에게 여쭙지 않으면 감히 실행하지 않았다.

부인의 아들 신원은 세상의 풍파를 겪은 이후로 더욱 벼슬에 나갈 뜻이 없어 자취를 감추고 은둔하기를 좋아하였다. 조정에서 학덕이 있는 선비라 하여 여러 번 천거하였으나 끝내 벼슬에 나아가지 않았다. 이는 실로 부인의 가르침 때문이었다.

부인은 건강하게 오래 살았다. 부인의 언행이 집안의 법도가 되어 죽은 뒤에도 온 집안이 그 뜻을 이어받아 더욱 번창하였다. 지금 300여 년이 지났는데 과거에 급제하여 조정에서 높은 관직에 오른 자가 수십 명에 달한다. 이처럼 부인의 교훈이 끊어지지 않고 면면히 이어졌으니 아, 거룩하도다!

다음과 같이 찬한다.

아직 겉으로 드러나지 않은 것을 걱정하고 아직 조짐이 나타나지 않은 것을 경계하는 것, 이는 사내대장부도 하기 어려운 것이다. 하물며 규방의 여인이 능히 할 수 있겠는가.

『주역』에 이르기를 "미래를 앎은 거슬러 세는 것이다."라고 하였다. 거슬러 세는 것은 불경한 데로 흐르기 쉽다. 부인은 다만 때를 살피고 형세를 헤아려서 감춰진 것을 보고 알아낸 것이다. 그러므로 행적을 보면 참으로 신기하지만, 이치상 당연한 일이다. 부인처럼 명석하면서도 올바른 식견을 지닌 자를 장구한 역사 속에서 찾아본들 어찌 쉽게 찾을 수 있겠는가. 넉넉한 덕을 후손에게 드리웠으니, 부인의 훌륭한 행적을 글로 기록하여 무궁히 전하는 것이 마땅하다.

–『연석 燕石』 책13

'백세부인'이라 불렸던 허손의 딸이자 신영석의 아내 이야기이다. 요즘도 그러하거니와 조선 시대에 백 세를 넘겼다는 것은 대단히 장수한 사례이다. 그래서 이 여인을 '백세부인'이라 부른 것이다. 이 글은 세조와 연산군 때 혼란한 정국마다 명문가 집안의 안주인 백세부인이 어떻게 대처하였는지를 기록한 것이다. 유언호兪彦鎬, 1730~1796는 백세부인이 겉으로 조짐이 드러나기 전에 이를 명석하게 알아채고 자식과 동생을 경계한 점을 높이 평가하였다. 사내대장부도 하기 어려운 일을 여성으로서 해냈다며 감탄하기까지 하였다.

그럼 왜 백세부인의 아들이나 동생들, 즉 남성들은 백세부인처럼 사태의 조짐을 미리 파악하지 못하였던 것일까? 여기에는 두 가지 측면이 있다고 본다. 남성들은 대개 권력과 욕망을 좇기 마련이다. 아들 신원은 안평대군과 교유하며 사회적 지위를 획득하는 중이었으며, 동생 허침은 관직에 나가 고위직에 오르기 위한 경력을 쌓고 있었다. 이러한 사람들은 자신이 처한 상황과 주변의 형세를 잘 헤아리기가 어렵다. 반면 여성들은 한 걸음 뒤에서 남성들의 행위를 관찰함으로써 보다 객관적으로 형세를 판단할 수 있다. 무엇보다 백세부인은 자신의 욕망을 채우기보다는 아들과 동생 등 자기 주변의 남성들에게 온 마음을 쏟았다. 바로 이런 점이 어떤 상황에서든 이성적 판단을 가능하게 한 것이다.

기녀 논객 가련

可憐傳

이건창

"차라리 남인의 종이 될지언정
노론의 첩은 되지 않겠다."

가련可憐은 함흥부咸興府 소속의 기녀이다. 열네댓 살 때 함경 감사의 손님으로 온 목생睦生에게 사랑을 받았다. 일 년 남짓 지나서 목생이 돌아가게 되었는데, 가련은 그를 따라가고자 하였다. 목생은 나이가 어린 데다가 글공부를 해서 과거 시험에 힘써야 하는데, 기생을 들인 일로 이름과 행실에 오점을 남길까 염려하여 가련을 데려가고 싶어 하지 않았다. 가련이 오랫동안 실의에 빠져 있자 어머니가 매일같이 꾸짖었다.

"너는 어찌하여 목생을 위해 과부가 되려 하느냐. 함경 감영과 함흥부에도 귀공자가 많은데 하필이면 목생이냐."

어머니의 채근에 가련은 어쩔 수 없는 상황임을 깨닫고 차츰 마음을 풀었다.

이때는 숙종이 당론을 가지고 사대부 중 이른바 서인과 남인을 여러 차례 진퇴시키던 시기였다. 서인은 다시 분열되어 노론과 소론이 되었다. 소론은 자못 공평함을 유지하여 남인을 받아들였으나, 노론은 오로지 남인을 죽이는 것으로 유감을 갚고자 하였다. 남인은 사정이 군색해지자 장 희빈張禧嬪을 끼고 다시 조정에 진출하여 노론 대신들을 죽이고, 소론에게 은덕을 베풀어 함께 국정을 다스리고자 하였다. 소론이 이를 시기해서 의리를 내세워 벼슬에 나가지 않자 마침내 남인이 국정을 독점하게 되었다.

목생은 남인의 대족大族으로 정승 아무개가 권세를 부릴 때 그의 당인이 되었다. 평소 당론에 대해 논쟁하는 것을 좋아하여 서울에 있을 때는 밤낮으로 사람들의 손목을 잡아끌어 침을 튀겨 가며 떠들어 댔다. 먼 지방인 함흥에 내려와서는 함께 당론을 이야기할 만한 사람이 없자, 가련을 상대로 밤낮으로 서인은 그르고 남인은 옳다고 강론하였다. 수십 년 동안 조정에서 벌어진 싸움, 사헌부와 사간원의 송사, 벼슬이 높은 집안과 포의로 재야에 있는 선비가 서로 갑론을박하며 자웅을 다투던 일이 하루아침에 가련의 화장품 상자와 침상 사이에 있게 된 것이다.

목생이 함흥을 떠난 후 감사와 판관으로 오는 자, 비장과 빈객이 모두 남인이었는데, 가련이 당론에 대한 이야기를 잘 한다는 것을 듣고 도착하면 맨 먼저 가련을 불러 이야기를 나누었다. 가련은 자색이 빼어나고 노래를 잘 부르고 글을 알았다. 평소 제갈량의 「출사표出師表」를 잘 외웠는데, 올리고 내리는 것이 절조에 맞고, 비장하면서도 강개하여 감동하지 않는 이가 없었다.

남인은 이제 막 뜻을 이룬 참이라 의기가 벌 떼처럼 일어나서 가련이 남인의 어짊을 칭찬하면, 조리 정연하여 모두 근거가 있는 말이라고 하였다. 또 가련이 노론은 자신들이 하고 싶은 대로 다 한다고 욕을 해 대면, 함께 기뻐하며 술잔을 들고 그녀의 손을 어루만지며 통쾌하다고 칭찬하였다. 간혹 곡절이 매우 은미하여 사람들이 알기 어려운 일을 가지고 가련을 시험하였는데, 마치 책문策問으로 선비를 시험하는 것처럼 하였다. 가련의 답이 열에 대여섯 번은 정확하자, 크게 탄복하며 상을 주고 기특하게 생각하였다. 이렇게 하느라 정작 「출사표」를 들을 틈이 없었다. 이로부터 가련은 항상 감사와 부사의 총애를 차지하였으며 이름이 서울에까지 알려졌다. 남인 출신의 공경公卿 중에 당론을 좋아하는 자들은 모두 하루만이라도 함경 감사가 되어 가련과 논의하며 상하를 다투고 싶어 하였다.

수년이 지난 후 임금이 남인의 죄상을 다 밝히고, 목 정승이하 여러 신하를 쫓아내고 노론과 소론을 다시 조정으로 불러들였다. 감사와 판관도 모두 바뀌게 되었다. 신임 판관이 부임하러 갈 때 노론의 여러 공경을 찾아뵙고 인사를 하니, 모두들 이를 갈며 말하였다.

"함흥의 가련이라는 기녀가 노론 비방하기를 좋아하니 그대가 가서 반드시 죽이시오."

그 소식을 들은 가련이 남장을 하고 천리 밖 육진六鎭의 궁벽한 곳으로 달아나 판관이 부임하였을 때 그녀를 잡지 못하였다. 다시 한참을 지나 조정의 남인이 노론 중 유감 있는 자를 모두 몰아내고 차츰 소론으로 옮겨 결집하니, 감사와 판관으로 오는 자도 다시는 가련에 대해 묻지 않아 그녀는 다시 함흥으로 돌아올 수 있었다.

가련은 육진에 숨어 있을 때도 귀양 온 남인이 있다는 말을 들으면 반드시 가서 만나 당론을 이야기하였다. 귀양 온 자가 두려워서 도리어 손사래를 치며 하지 말라고 경계할 정도였다. 그래도 가련은 남인이 함흥을 지난다는 소식을 들을 때마다 술을 가지고 가서 인사를 하고 전과 같이 당론을 이야기하였다.

감사와 판관, 비장과 빈객이 노론이면 가련은 인사하러 가지 않았다. 비록 부름을 받고 억지로 가더라도 웃지 않았으며, 끌어당겨 곁에 두고자 하는 자가 있으면 매번 거짓말로 모면하였다. 심지어는 자리를 박차고 일어나 도망가기도 하였다. 가련은 평소에 항상 탄식하며 다짐하였다.

"차라리 남인의 종이 될지언정 노론의 첩은 되지 않겠다."

그러다가 소론을 만나면 이따금 속마음을 털어놓기도 하였다.

"소론은 일찍이 남인에게 덕을 베풀었으니 제가 멀리할 수 없습니다."

태학사太學士 관양공冠陽公 이광덕李匡德, 1690~1748이 귀양길에 함흥을 지나게 되었는데, 가련은 이미 여든 살이 넘은 때였다. 가련은 공의 문장이 유명하다는 소문을 듣고 술을 가지고 역사驛舍로 찾아가 인사를 올렸다. 공이 「출사표」를 불러 달라고 청했는데, 삼고초려 대목에 이르러 몇 줄기 눈물을 흘리며 말하였다.

"아, 이 사람은 여협女俠이로다! 천한 기생으로 조정의 사대부를 비방한 죄는 죽어 마땅하다. 그러나 마음이 순수하고 권세의 성쇠에 따라 지조를 바꾸지 않았으니, 옛날의 이른바 유협遊俠이 그러하였다."

그러고는 「여협시」를 지어 가련에게 주었다고 한다.

–『명미당휘초 明美堂彙艸』 권8

숙종 연간에 함흥 관아 소속 기생이었던 가련1671~1759의 이야기이다. 기생으로서는 드물게 생몰년이 밝혀져 있을 정도로 그녀는 조선 후기 문인들 사이에서 유명 인사였다. 이 글 외에도 조현명趙顯命, 1690~1752, 이헌경李獻慶, 1719~1791, 서유영徐有英, 1801~1874 등 조선 후기의 여러 문인이 가련과 관련된 한시와 산문을 남겼다. 이 글을 지은 이건창李建昌, 1852~1898은 조선 시대 당쟁사의 명저인 『당의통략黨議通略』을 저술하였다. 이건창은 당쟁사에 대한 관심의 연장선상에서 「가련전」을 지은 것으로 보인다.

가련이 살았던 숙종 연간에는 당쟁이 심하였으며, 특히 남인과 노론의 대립이 극에 달하였다. 숙종은 남인과 노론을 번갈아 가며 진퇴시켰는데, 이럴 때마다 남인과 노론은 사활을 걸고 싸웠다. 이러한 정치 상황에서 타협과 조정은 불가능하였으며, 권력의 독점과 배제만 있었다. 사실 가련 같은 기생은 권력 다툼과는 무관한 처지이다. 그런데 가련은 당론을 즐기는 특이한 기생이었다. 요즘 식으로 말하면 극단적으로 남인을 대변하는 여성 논객이었다. 단순히 남인은 좋고 노론은 나쁘다고 말하는 것이 아니라, 나름의 논리와 근거를 가지고 있었다. 그리하여 상당히 복잡한 내막이 있거나 잘 알려지지 않은 정치적 사건에 대해서도 토론을 할 정도였다.

하지만 가련은 운명을 스스로 결정할 수 있는 처지가 아니었다. 함흥부 소속의 기생이라 함경도 관찰사나 함흥 부사가 누구냐에 따라 운명이 좌우되었다. 남인이 오면 극진한 대우를 받았지만, 노론이 오면 목숨의 위협을 느껴 남장을 하고 험한 육진까지 도망을 가야 했다. 그럼에도 가련은 차라리 남인의 종이 될지언정 노론의 첩은 되지 않겠다는 신념을 절대로 바꾸지 않았다.

가련을 두고 이광덕은 권세의 성쇠에 따라 지조를 바꾸지 않은 여협이라고 높이 평가하였다. 그러나 목숨까지 위협받을 만큼 그 신념이 가치 있는 것일까? 어느 당론이 옳은가 그른가를 떠나, 어찌하여 가련은 이렇듯 편협한 신념을 가지게 된 것일까?

가련은 십 대 중반에 만난 목생이라는 존재에게 결정적인 영향을 받았다. 목생은 남인의 명문 출신으로 당론을 매우 좋아하였던 사람이다. 가련은 목생을 매우 사랑하였으며, 목생은 가련에게 서인은 그르고 남인은 옳다는 신념을 주입하였다. 가련은 목생이 집으로 돌아갈 때 따라가려고 하였으나, 목생은 자신의 경력에 흠이 될 것 같아 가련을 버렸다. 가련은 실의에 빠져 힘든 나날을 보냈다.

그렇지만 그녀는 목생이 주입한 신념을 버리지 않았다. 상식적으로 생각해 보면 자신을 버린 사람을 미워하여, 당론 자체에 관심을 끊거나 반대 당파의 입장에 설 것 같은데 말이다. 이는 가련이 함흥부 소속의 기생이었기 때문인 듯하다. 목생이 돌아간 뒤 함흥에 오는 관리들은 모두 남인이었다. 이들은 가련을 불러 당론을 듣고 그녀를 치켜세웠다. 다시 말해 가련에게 당론은 하나의 무기였으며, 그것은 관리로 온 남인들에 의해 재생산되고 더욱 강화되었던 것이다.

여군자 체상 여인

髢商女人傳

박시원

"이익 앞에서 의리를 먼저 생각하였으니
사대부가 굳게 지켜야 할 도리를 지닌 여인이다."

체상髢商은 머리카락을 모아서 다리를 엮어 파는 사람으로, 상인 가운데서도 가장 가난하고 초라하다.

기묘년1819, 순조19 가을, 경상도 죽계竹溪 감곡리鑑谷里에 사는 이명채李命采가 명주 세 필을 소매에 넣고 내성奈城의 시장으로 팔러 갔다. 당시 명줏값이 폭등하여 한 필의 값이 9꿰미나 되었다. 이생李生은 마음속으로 '지난번에 7, 8꿰미 하던 것이 오늘은 9꿰미까지 올랐으니 다음에는 10꿰미까지 오를 것이다. 시세를 살펴 가며 더 오를 때까지 기다려야겠다.'라고 생각하였다. 그는 명주를 팔지 않고 집으로 발길을 돌렸다.

어느덧 날이 저물고 있었다. 은근히 취기가 오른 이생은 고갯마루에 올라 풀을 깔고 앉아 쉬었다. 잠시 후 일어나 10여 리쯤 가서 소매 안을 살피니 명주가 사라지고 없었다. 이생이 당황하여 쉬던 곳으로 가서 찾아보았으나 명주는 이미 사라지고 없었다. 이생은 망연히 집으로 돌아왔다. 집안사람들이 명줏값을 얼마나 받았느냐고 물었으나 대답하지 않고 항아리를 깨부수며 식구들을 꾸짖는 것으로 화를 달랬다. 열흘이 지나 마음속으로 후회하며 '속담에 소탐대실小貪大失이라 하더니 나를 두고 하는 말이 아닌가.'라고 생각하였다. 시간이 지나며 이 일은 차츰 잊혔다.

하루는 다리를 파는 여자가 다 해진 치마를 입고 구멍이 숭숭 뚫린 광주리를 이고 이생의 집을 찾아왔다.

"여기가 이 생원 댁이 맞는지요?"

"그렇다네. 왜 그러는가?"

"생원께서는 혹 최근에 물건을 잃어버린 적이 있으십니까?"

"없었네."

여자가 다시 물었다.

"밖에 나가셨다가 잃어버린 물건이 없으십니까?"

"밖은 시장이요, 물건은 명주일세. 남이 훔쳐 간 것이 아니라 내 스스로 내버렸네. 이를 두고 물건을 잃어버렸다 하겠는가. 내 부끄러워서 차마 남한테 말을 못 하였네. 자네는 무슨 상관이 있다고 이런 것을 묻는 것인가?"

"명주가 몇 필이었습니까?"

"세 필일세."

"언제 어디서 잃어버리셨습니까?"

"모일에 어떤 고개에서 잃어버렸네."

이윽고 여자가 광주리를 머리에서 내려놓고 싸맨 물건 하나를 꺼내어 이생에게 보여 주었다.

"제가 어느 날 다리를 팔러 시장에 가는 길에 고개를 넘다가 길옆에 물건이 떨어져 있는 것을 발견하였습니다. 주인이 올 때까지 지키고 있으려 하였으나, 날이 저물어서 어쩔 수 없이 물건을 집어 들고 와서 주위를 수소문하며 주인을 찾았습니다. 어제 어떤 마을의 모씨 집에 갔다가 생원께서 명주를 잃어버린 일에 대해 들었습니다. 그리하여 이것을 전해 드리고자 왔습니다."

"자네가 이미 주운 물건이거늘 어찌하여 팔지 않고 이다지도 힘들게 주인을 찾아 온전하게 돌려주는 것인가?"

"저 물건은 제 눈으로 발견하여 제 손으로 수습하였을 뿐입니다. 제 물건이 아니니 어찌 팔 수 있겠습니까."

"명주는 내 명주가 맞네. 그러나 잃어버렸으니 이미 내 물건이 아니요, 자네가 이를 주웠으니 이미 자네 것이라네. 자네는 갖지 않는다 하고 나는 잃어버렸다가 다시 찾았으니, 자네에게 반을 나누어 주면 어떤가?"

"만약 반을 나누어 제가 갖는다면 재물로 그것을 취하는 것입니다. 재물로 그것을 취한다면 마땅히 전부를 가져야지, 어찌 전부를 사양하면서 반을 취할 수 있겠습니까. 반을 주시겠다는 생원님의 말씀은 사람을 참으로 얕게 보시는 것입니다."

이생은 여자를 대접하려고 즉시 집안사람에게 닭을 잡고 기장밥을 짓게 하였다.

여자가 말하였다.

"저를 위해서라면 하지 마십시오. 제가 비록 가난하고 천하게 살지만 집에 늙은 시어머니가 계십니다. 시어머니께 시래기죽도 아직 차려 드리지 못하였으니, 닭과 기장밥 같은 성찬을 차마 홀로 먹을 수 없습니다. 또 날이 이미 저물어서 시어머니와 남편이 함께 밥을 먹으려고 기다리고 있을 것입니다. 저는 여기서 오래 지체할 수 없습니다."

여자는 끝내 사양하며 광주리를 머리에 이고 나섰다.

"자네는 어느 마을에 사는가?"

"저는 본래 기호畿湖 사람인데 밥벌이를 위해 부평초처럼 이곳저곳을 떠돌아다니기 때문에 꼭 찍어 어느 마을 사람이라 할 수 없습니다."

"자네에게 할 말이 있으니 떠나지 말고 잠시만 있어 주게

나. 옛날에 검을 주겠다는 약속을 지킨 사람•이 있다는 말을 일찍이 들은 적이 있네. 지금 자네를 보니 그 사람보다 몇 단계나 높은 사람일세. 자네는 천하에 좋은 사람이고, 나는 이 같은 사람을 만난 것이네. 잃어버렸다가 되돌려 받은 물건을 내가 교만하게 전부 가져가고 고마운 마음을 표하지 않는다면, 나는 세간에 어리석고 염치없는 사람이 되네. 옛날 사람들은 인의仁義가 있어서 이러한 경우 물건을 반으로 나누었다네. 어찌하여 자네만 유독 좋은 사람이 되고 나만 나쁜 사람으로 만들려 하는가."

여자가 한참을 망설이다 조심스레 말하였다.

"굳이 그러시다면 한 가지 말씀을 드리겠습니다. 시어머니께서 다 떨어진 옷을 아직까지 입고 계신데, 곤궁하여 자식된 도리를 다하지 못하고 있습니다. 시어머니께서 이 명주를 보고는 갖옷을 만들면 좋겠다고 말씀하셨습니다. 시어머니께서 꼭 그렇게 하고 싶다고 하신 것은 아니나, 자식의 마음은 아프기만 합니다. 이제 이처럼 강권하시니, 명주 7자를 얻어 집으로 돌아가서 시어머니께 갖옷을 만들어 드리고 싶습

• 검을……사람 : 춘추 시대 오나라 계찰季札을 말한다. 계찰은 진晉나라에 사신 갈 때 보검을 차고 서徐나라를 지나게 되었는데, 서나라 임금이 보검을 탐내자 마음속으로 공무를 마친 뒤에 주겠다고 다짐하였다. 그런데 막상 돌아와 보니 서나라 임금이 이미 세상을 뜬 후였다. 계찰은 자신과의 약속을 지키기 위해 서나라 임금의 무덤가 나뭇가지에 보검을 걸어 놓고 떠났다.

니다."

이생은 기뻐하며 명주 8, 9자를 잘라 여자에게 주었다. 여자는 이를 받아 들고 바람처럼 떠났다.

등강登岡에 사는 상사上舍 서성렬徐成烈 군이 나에게 이 이야기를 상세하게 전해 주었다. 서군은 또 다음과 같이 말하였다.

"제가 이 일을 두고 「삼필견가三疋絹歌」 40운韻을 지어서 사람들에게 보여 주었습니다. 마침 고을의 아전이 세금 매기는 일로 왔는데 장부를 제멋대로 만들어서 농간이 심하였으며, 백성들의 원망은 전혀 신경 쓰지 않았습니다. 그런데 그 아전이 이 시를 보고 여자의 이야기를 듣더니 두려워하고 삼가며 '사람의 성품은 모두 같거늘 어찌 저 사람만 유독 착하고 나는 그렇지 못하겠는가.'라고 하였습니다. 그러고는 즉시 붓을 가져다 오래 묵혔던 땅이나 묵혔다 다시 경작한 땅에 매긴 세금을 말소하였습니다."

반계자皤溪子는 말한다.

일찍이 세상에 좋은 사람이 없던 적은 없으니, 왕왕 시장에 숨어 살며 자신을 감추기도 하였다. 지금 명주를 주워 주인에게 찾아 준 이 여자는 남의 물건을 넘보지도 않았고 탐욕을 부리지도 않았다. 이익 앞에서 능히 의리를 생각하였으니, 확실히 사군자士君子가 굳게 지켜야 할 도리를 지녔다 하겠다.

집은 가난한데 마음은 옥같이 맑아서 재물 보기를 마치 티끌을 주웠다가 터럭을 버리듯이 하였다. 또 사양하는 태도도 이처럼 침착하였으니, 아, 참으로 고상하도다! 시어머니와 남편 역시 모두 욕심이 없어 이 훌륭한 일을 이루었으니 당당한 집안이다. 얼음처럼 깨끗하고 눈처럼 하얀 마음을 지녔으리라. 제齊나라 사람은 오히려 의관을 깨끗이 차려 입고 시장에 가서 금을 훔쳤으니,• 어찌 말세의 풍속이 성행한 것이 아니랴. 이생이 관리를 찾아가 이 일을 아뢰지 않아서 이처럼 착한 사람을 드러내 기리지 못한 것이 애석하도다.

–『일포집逸圃集』 권5

길에서 주운 물건을 주인에게 돌려준 조선 후기 어느 여자 상인의 이야기이다. 견리사의見利思義라는 성어가 있다. 이익이 생기면 의리를 기준으로 취해도 되는 것인지 판단해야 한다는 말이다. 반계자 박시원朴時源, 1764~1842이 이 글을 지은 이유는 천한 상인이 견리사의를 실천하였기 때문에 세상에 드

• 제齊나라……훔쳤으니 : 제나라 사람이 아침 일찍 의관을 정제하고 시장에 가서 금을 훔쳐 달아나다가 붙잡히자 "금을 훔칠 때 사람은 보지 못했고 금만 보았다."라고 변명하였다.

러내어 표창하기 위해서이다.

박시원이 의도하였든 그러지 않았든, 이명채와 여자 상인은 대비되는 인물로 그려지고 있다. 이명채가 명주 세 필을 시장에 가지고 갔다가 팔지 않은 이유는 시세가 더 오를 때를 기다려 고가에 팔기 위해서이다. 명주를 잃어버리고 소탐대실하였다고 후회하였듯이, 이명채는 더 많은 이익을 추구하다가 일을 망치고 만 인물이다. 이에 반해 여자 상인은 이명채가 잃어버린 물건을 며칠 동안 고생하며 수소문한 끝에 주인에게 되돌려 주었다. 하루하루 먹고살기도 힘든 처지에 집에는 늙은 시어머니와 남편이 있다. 이런 상황에서 누군가 잃어버린 고가의 명주를 보고 혹하지 않을 사람이 몇이나 되겠는가.

이것이 바로 여자 상인의 위대한 점이다. 박시원은 신분이 낮은 상인, 상인 가운데서도 가장 가난하고 초라한 체상髢商, 게다가 남자도 아닌 여자로서 견리사의를 실천한 점을 높이 평가한 것이다.

여성 유협 정유

俠媼傳

목만중

"비명을 짓는 자는 그녀를 대사라 하였고
전을 짓는 자는 그녀를 유협이라 하였다."

협온俠媼, 늙은 여자 유협은 비구니 정유定有이다. 비명碑銘을 짓는 자는 '대사大師'라 칭하였고, 전傳을 짓는 자는 '협俠'이라 칭하였다.

번암樊巖 채 상서蔡尙書, 채제공蔡濟恭는 평안도 관찰사로 평양에 2년 동안 있었는데 그때는 협온의 존재를 몰랐다. 채 상서가 서울로 돌아온 이듬해에 협온이 상서의 집을 찾아와 뵙기를 청하였다. 상서는 괴이한 일이라 여기며 물었다.

"할머니는 무엇을 하는 사람이오?"

"이 늙은이는 평양의 양갓집 여식입니다. 관서의 백성들은 체납된 세금이 수십 년 동안 쌓여 괴로웠습니다. 글을 아는 자들은 고리대금을 하고, 포학한 자들은 겁을 주면서 백성들을 몰아 함정에 빠뜨리는 지경이었습니다. 공이 관찰사로 부임하여 큰돈을 출연해서 열에 일곱을 갚아 주시고, 나머지 셋은 녹봉에서 출연하여 대책을 잘 세워 주셨습니다. 채권자들을 관아의 뜰에 모아 놓고 채권을 불살라 버리셨지요. 백성들의 환호성이 관아의 뜰에서 거리로, 거리에서 저자로 울려 퍼졌습니다. 얼마 뒤에는 마을에까지 이르러 온 성이 기쁨으로 들끓었습니다. 백성들은 재앙의 고통에서 벗어나 부부가 걱정 없이 함께 잠들며 비로소 삶을 즐기는 마음을 가지게 되었습니다. 공은 관서 백성들의 부모이십니다. 이 늙은이는 부처에 귀의한 자로서 공의 은덕에 보답하고자 합니다."

공이 협온을 보니 용모가 매우 청정하였다. 그녀는 평소 매운 음식이나 비린 육식은 하지 않는다고 하였다. 협온은 채 상서의 집에 머물면서 큰 소리로 계속 불경을 암송하였다. 밤이 되면 반드시 북두성을 향해 큰절을 올리고는 마치 잠든 것처럼 묵묵히 앉아 있었는데 실제로 잠이 든 것은 아니었다.

이후로 해마다 한 번씩 채 상서 집을 찾아왔다. 또 명산에 들어가 상서를 위해 기도를 드리면 100일을 채운 후에야 산에서 나왔다. 상서가 연경에 사신 갔다 돌아올 때에는 협온이 먼저 수백 리를 달려가 살수薩水에 배를 띄워 놓고 기다렸다.

상서가 된 자는 사직하는 경우가 거의 없다. 그런데 채 상서는 조정에서 위치가 불안해지자 가족을 모두 데리고 번리樊里의 산속으로 들어가 살았다. 협온은 그곳에도 찾아가 평소처럼 머물렀다. 그러던 어느 날 상서에게 하직 인사를 올렸다.

"이번에 가면 장차 머리를 깎고 중이 될 것입니다. 훗날 다시 만날 것을 기약할 수 없으니 슬플 뿐입니다."

상서가 물었다.

"할머니는 죽을 날이 머지않았거늘, 어찌하여 스스로를 해치려 하는가?"

"죽은 뒤에 다비茶毗하는 것이 소원입니다. 머리를 깎고 중이 되지 않으면 다비를 할 수 없습니다."

떠난 뒤에 협온이 편지를 보내왔는데, 장단長湍의 화장사華藏寺에서 계율을 받았으며 법명法名은 '정유'라고 하였다. 협온은 중이 된 이듬해에 죽었는데, 다비를 하니 사리가 나왔다고 한다.

다음과 같이 찬한다.

유협은 용맹함을 좋아하고 부처는 자비를 주장하니, 당연히 현격하게 다르다. 『전등록傳燈錄』을 본 적이 있는데, 여러 조사祖師가 대개 유협과 비슷하였다. 사마천司馬遷과 반고班

固가 지은 「유협전游俠傳」에는 불성佛性을 보인 유협도 많다. 이는 대용大勇할 수 없으면 대자비大慈悲할 수 없다는 것이 아니겠는가.

지금 사대부 중에 불성을 갖춘 자가 어찌 적겠는가. 상서가 일찍이 협온에게 덕을 쌓지 않았다면 협온도 상서를 찾지 않았을 것이다. 단지 의기意氣가 과격한 것만으로 유협이라 할 수 있겠는가.

–『여와집餘窩集』 권16

협온은 늙은 여자 유협을 말한다. 유협은 호방하고 의협심이 강한 사람을 가리킨다. 사마천도 『사기』에 「유협전」을 두어 여러 유협의 삶을 기록하였다. 전근대 사회가 대개 그러하듯이, 유협이라 일컬어지는 사람은 대개 남성이었다. 이 글에 나오는 협온은 일단 여성이라는 점을 주목할 필요가 있으며, 또한 비구니라는 점이 특이하다. 협온의 정체에 대해서는 이 글 외에 잘 알려진 바가 없다. 다만 법명이 '정유'이며 비명에서 '대사'라 칭했다고 한 것으로 보아, 당시 지명도가 있는 비구니였던 것으로 추정된다.

이 글은 번암 채제공蔡濟恭, 1720~1799과 관련된 협온의 행적을 중심으로 구성되어 있다. 그 외 유협으로서의 모습은 구체적으로 밝히지 않았다. 채제공의 선정에 감명을 받아 여성의 몸으로 서울까지 채제공을 찾아온 것을 보면, 협온은 의협심이 넘치고 강단이 있는 성격인 듯하다. 채제공은 정조의 총애를 받아 독상獨相을 지낸 인물로 남인을 대표하는 정치가였다. 이 글을 지은 목만중睦萬中, 1727~1810 역시 남인의 명문가 출신으로, 정조 연간에 남인의 여론 형성에 중요한 역할을 담당하였다. 그래서 협온을 잘 알았을 것이다.

목만중은 찬贊에서 과연 유협은 어떠해야 하는지 논하였다. 유협은 용맹을 기본 속성으로 지닌다. 그런데 협온은 자비를 주장하는 불문에 귀의한 사람이다. 용맹과 자비는 서로 어울리지 않는 것처럼 보인다. 하지만 마음속에 다른 이들을 아끼고 사랑하는 마음이 있을 때 의로운 행동이 가능하다. 따라서 유협은 호방한 성격이나 의협심 못지않게 인간에 대한 사랑을 지녀야 한다.

효녀 두련

孝妓斗蓮傳

신경

*"남들이 자기 아버지를 부를 때 마음이 아팠어요.
살아 계신다면 찾아가 뵙고 싶습니다."*

두련斗蓮은 북청北靑의 기생이다.

호서湖西 대흥大興 두련리斗蓮里에 살던 선비 차덕봉車德鳳은 같은 마을에 사는 문관 성임成任이 북청으로 부임하는 차에 그를 따라갔다. 차덕봉은 수령의 손님으로 관아에 머물렀는데, 객지 생활이 무료하던 중 우연히 관아 소속의 기생 초楚와 사사로이 정을 통하게 되었다.

초가 임신한 지 몇 달이 지날 무렵 성임이 어떤 일에 연루되어 파직당하여 고향으로 돌아가게 되었다. 차덕봉 역시 그와 함께 돌아가면서 이별의 증표로 초에게 부채 하나를 주었다. 부채에는 남자아이를 낳으면 이름을 '대흥大興'으로, 여자

아이를 낳으면 '두련'으로 지으라고 적혀 있었다.

초는 달이 차서 여자아이를 낳고, 이름을 '두련'이라 하였다. 그러나 차덕봉은 이 사실을 까맣게 몰랐다. 북청과 대흥은 천 리도 넘게 떨어져 있어서 둘 사이에 소식이 끊긴 지 여러 해 되었던 것이다.

어느 날 차덕봉이 학질을 앓아 거의 죽을 지경이 되었다. 자리에 누워 괴로워하고 있는데 처사 곽진강郭振綱의 노비가 불쑥 찾아왔다. 그 노비는 장령 안경운安慶運의 집에서 왔다고 하며 편지와 함께 윗옷과 바지, 인삼과 백출 등을 전해 주었다. 차덕봉이 아픈 몸을 일으켜 편지를 열어 보니, 두련이 손수 마련하여 보낸 것이었다. 편지에는 다음과 같이 적혀 있었다.

"태어나면서부터 아버지의 얼굴도 모르고 자라 남들이 자기 아버지를 부를 때마다 마음이 너무나 아팠습니다. 만약 아버지께서 살아 계신다면 마땅히 찾아가 뵐 수 있기를 간절히 바랍니다."

그제서야 차덕봉은 초가 딸을 낳아 이름을 두련이라 지었고, 그 아이가 장성하였음을 알게 되었다. 그는 한편으로는 기쁘면서도 한편으로는 슬퍼 마음을 진정하기가 어려웠다. 아픈 몸이었지만 힘을 내어 답장을 쓰고, 「두련사斗蓮詞」 한 편을 지어 보냈다.

그해 가을 두련은 짐을 꾸려 북청의 집을 나서 말을 타고 천 리 길을 달려 홍주洪州 금마천金馬川에서 아버지를 만났다. 차덕봉이 대흥에서 이곳으로 이사하였던 것이다. 두련과 차덕봉은 감정이 북받쳐 손을 잡고 눈물을 흘렸다. 두련은 차마 떠나지 못하고 아버지를 곁에서 모시며 즐겁게 해 드렸다. 그러나 관아 소속의 기생이라 북청으로 돌아가라는 조정의 명령을 받고 어쩔 수 없이 아버지와 이별하였다.

두련은 그 후로도 휴가를 내어 두세 번 아버지를 찾아뵈었다. 한번 오면 반드시 오랫동안 머물며 차마 쉽게 떠나지 못하였다. 그러다가 다행히 아버지의 임종을 지키고 장례를 다 치른 후 북청으로 돌아갔다.

차덕봉의 종형 차보극車輔極이 일찍이 나에게 두련의 이야기를 상세하게 들려 주었다. 나는 이 이야기를 듣고 두련을 기특하게 생각하였다. 두련은 먼 지방에 사는 천한 기생의 몸으로 아버지와 자식 사이의 도리를 극진히 하였으니 능히 주수창朱壽昌의 고사•가 됨 직하다. 이는 실로 천고의 기이한 사적이니 묻혀서는 안 된다.

• 주수창朱壽昌의 고사 : 주수창은 송나라 때의 효자로, 어린 시절 아버지에게 쫓겨난 어머니를 그리워하여 50여 년 동안 술과 고기를 먹지 않았다. 끝내 벼슬을 버리고 어머니를 찾아나서 어머니와 형제들을 모두 집으로 데리고 와서는 효도와 우애를 극진히 하였다.

아, 나는 알겠거니와 두련의 효심은 다 연유한 바가 있었다. 조부 차명징車命徵과 종조從祖 차경징車敬徵은 부모를 잘 섬긴 것이 알려져서 조정에서 효자문을 세워 주었다. 아버지 차덕봉 역시 시묘살이를 극진히 하여 향촌에서 칭찬이 자자하였다. 대대로 이러하였으니 두련의 효심이 어찌 이처럼 지극하지 않겠는가.

얼마 지나지 않아 두련이 죽었다는 소식을 들었다. 차보극 역시 죽었다. 나는 두련을 가엽게 여기고 그녀의 이야기가 전하지 못함을 안타까워하여 대략 기록해서 후세 사람들에게 보인다.

–『직암집 直菴集』 권20

신경申暻, 1696~1766이 두련의 전을 지은 이유는, 그녀가 비록 미천한 기생의 신분이지만 아버지에게 효를 다한 사람이기 때문이다. 전근대 유교 사회에서 효는 인륜의 근본이 되는 덕목이었다. 그 기본 덕목을 실천한 사례로 두련을 주목하여 그녀의 전기를 지은 것이다.

그런데 차덕봉과 두련의 관계에 대해서는 짚고 넘어갈 점이 있다. 조선 사회에서 자식은 어머니의 신분을 따랐다. 두련은 아버지가 양반이지만 어머니가 천민인 기생이기 때문에 당연히 천민이며, 차덕봉의 자식으로 인정받기 어려웠다. 두련은 아버지의 얼굴도 모르고 남들이 제 아버지를 부를 때마다 마음이 너무 아팠다고 하였다. 아마 두련은 성장하면서 아버지를 많이 원망 했을 것이다. 그렇지만 아버지에 대한 그리움을 늘 간직하고 있었고, 여성의 몸으로 천 리 길을 무릅쓰고 가서 아버지를 만났다.

반면 차덕봉은 어떠했는가? 차덕봉은 북청을 떠나올 때 초가 임신한 사실을 알고 있었다. 그러나 고향으로 돌아와서는 자식이 태어났는지 어떻게 지내는지 전혀 신경을 쓰지 않았다. 두련의 어머니가 차덕봉에게 연락을 취하거나 딸을 데리고 찾아가기는 어려웠을 것이다. 차덕봉이 연락을 취하고 태어난 딸을 찾는 것이 옳다. 그가 아버지로서 책무를 다하였다고 보기는 어렵다.

효를 명분으로 자식의 무조건적인 희생을 강요해서는 안 된다. 부모가 자식을 자애로 대할 때, 자식도 부모에게 효를 행하는 것이다. 오늘날에도 효가 중요한 덕목으로 거론되는데, '효'라는 의무를 자식에게 일방적으로 요구해서는 안 될 것이다.

절부 김씨

李節婦金氏傳

이종휘

*"빨리 내 몸에 큰 재앙이 생겨서
당신이 계신 지하에 가고 싶습니다."*

이씨 집안의 절부節婦 김씨는 경주 김씨 김붕만金鵬萬의 딸로, 청주의 양선리養善里에 살았다. 시아버지 이인철李寅哲과 남편 이동원李東遠이 전염병에 걸려 연이어 세상을 떠났다. 김씨도 전염병에 걸렸으나 죽지는 않았고, 남편이 죽던 날 가까스로 정신을 차리게 되었다. 남편의 삼년상이 끝날 무렵 김씨는 마침내 물에 빠져 죽었다. "강개하게 자결하는 것은 쉬우나 조용히 자결하는 것은 어렵다."라는 말이 있다. 남편이 죽던 날에 따라 죽지 않고 3년 후 죽음에 나아갔으니, 쉬움을 버리고 어려움을 좇은 것이다. 아, 열녀로다!

절부 김씨는 성품이 온순하여 모난 행동을 하지 않았으며,

시부모와 동서 간에 조금의 과실도 없었다. 남편이 죽자 통곡하고 음식을 먹지 않았다. 시어머니가 울며 그녀를 안고 말하였다.

"나는 남편과 아들을 모두 잃고 통곡하니 내 슬픔이 너보다 더 심하다. 그러나 네 시아버지와 네 남편을 따라 지하로 갈 수 없는 것은 오직 네 시동생과 네가 살아 있기 때문이다. 만약 네게 불행한 일이 생긴다면 이는 곧 네가 나를 죽게 하는 것이다. 또 네 남편이 이를 알게 된다면 어찌 편안할 수 있겠느냐."

절부는 할 수 없이 조금씩 음식을 먹었다. 시어머니는 절부가 생각을 바꾸기를 바라면서 곁방에 두고 살림을 나누어 주는 등 의욕을 돋우었다. 붓과 벼루와 서책 등을 갖추어 주고 한글을 배우는 동네 아녀자들을 불러 절부와 함께 공부하게 하니, 절부가 애써 마음을 추스렸다. 초하루와 보름, 아침저녁으로 올리는 상식上食은 절부가 손수 마련하였다. 시어머니가 상을 보며 말하였다.

"없는 게 없구나. 네가 다 한 것이냐?"

"살아 계실 때 미처 하지 못하였던 것입니다. 이 일을 맡겨 주시는 것이 오히려 저에게 편안합니다."

시동생 이동재李東載의 처가 아들 쌍둥이를 낳았다. 이동재가 아이 하나를 가리키며 말하였다.

"하늘이 이 아우에게 후사가 없게 하지 않으셨습니다. 형수께서 저 아이를 아들로 삼으세요."

절부가 기뻐하며 말하였다.

"제가 이 세상에서 살고 싶지 않은 것은 남편과 자식이 없기 때문입니다. 자식이 없다가 이제 생겼으니 제가 누구를 위해 죽겠습니까."

이때부터 절부는 더욱 편안해하였다. 그러나 종종 등불 아래에서 작은 종이에 뭔가를 쓴 뒤 귀신에게 호소하듯 종이에 불을 붙여 공중으로 흩어 보냈다. 옆에 있는 사람들이 간혹 쪽지를 가져다 살펴보면 "빨리 내 몸에 재앙이 생겨서 남편이 계신 지하에 가고 싶다."라는 내용으로, 남편과 서로 대화하듯 입으로 중얼중얼하였다.

하루는 절부가 이모에게 물었다.

"옛날에 남편을 잃은 여자가 장차 죽으려 할 때 시집올 때 입었던 옷을 입고 신부의 모습으로 사흘을 지낸다 하던데, 그 의리가 어떻습니까?"

"아, 그런 것을 물으면 안 된다. 자네 시어머니는 친정어머니처럼 자애롭고 자네에게는 또 자식이 있는데 무엇을 하려는 게냐? 아, 그런 것을 물으면 안 된다!"

절부가 웃으며 사과하였다.

"그냥 해 본 말이에요. 이모님께서 그리 심각하게 염려하실 것은 없어요."

남편과 시아버지가 죽은 지 2년이 되는 밤에 시아버지 제사가 끝나고 남편의 제사에서 두 번째 잔을 올리는 즈음에 절부가 사라졌다. 동이 틀 무렵 밖에서 동네 사람이 뛰어 들어와 외쳤다.

"저수지에 죽은 사람이 있습니다. 아낙네인데 흰옷을 입고 있어요."

집안사람들이 놀라 달려가 보니 과연 절부였다. 동네 사대부들이 모두 탄식하고 눈물을 흘리며 말하였다.

"열녀로다. 부인이 하늘 같은 남편을 잃었으니 누군들 실낱 같은 목숨을 버리고 따라 죽고 싶지 않겠는가. 그러나 끝내 그렇게 하지 못하는 것은 세월이 치료해 주기 때문이다. 3년 전에 맹세한 마음을 그대로 간직하였다가 끝내 그 일을 실행하는 자가 얼마나 있겠는가. 열녀로구나!"

동네의 부녀자들도 함께 슬퍼하며 말하였다.

"유순하고 약한 여자가 어떻게 이런 일을 해냈을까."

바로 그날 절부의 옷상자를 뒤져 보니 집안사람들에게 남긴 유서가 있었다. 오직 시어머니를 끝까지 봉양하지 못하는 것이 한스러우며 죽을 자리를 얻은 것을 다행으로 여긴다는 내용이었다. 시어머니가 통곡하며 말하였다.

"어질다! 집안에 거듭 우환이 있을 때 너는 내가 죽을까 봐 걱정이 되어 즉시 죽지 못하고 내가 죽기를 기다렸구나. 내가 아직 죽지 않았으니 너도 죽지 않아야 하거늘, 지금 이렇게 죽은 것은 내가 못났기 때문이다. 어질다! 나 때문에 남편을 따라간 것이 늦었구나. 오랫동안 마음이 얼마나 아팠을꼬. 내 죄로다, 내 죄로다."

사대부들도 탄식하였다.

"3년을 속으로 참고 지내다가 오늘을 길일로 삼아 남편을 따라 지하로 갔으니, 이는 하루라도 남편과 떨어질 수 없어서였으리라."

그러고는 힘을 모아 그날로 남편의 무덤 옆에 절부의 관을 안치하였다. 장삿날에는 동네의 아는 자 모르는 자 모두 돈을 내어 도우며 칭찬해 마지않았다.

"살아서는 현덕이 있고 죽어서는 의리가 있다. 재물을 따질 게 있겠는가. 정성이 중요하다."

고을 수령 이수득李秀得은 제수로 술과 과일을 마련해 주었고, 아전들을 보내 장례를 도왔다. 또 관찰사에게 보고해서 마침내 절부의 정려문을 세웠다.

절부는 열일곱에 이씨에게 시집왔고, 남편이 죽은 후 2년을 미망인으로 자처하다가 3년째에 지하로 남편을 따라갔다. 때는 임신년1752, 영조28이었다.

아, 부인이 지녀야 할 덕으로 유순함보다 더 큰 것이 없다. 그런데 유순함은 굳세고 과단성 있는 성품과는 반대되는 것으로, 절개나 정렬貞烈과는 서로 맞지 않는 듯하다. 곱고 약한 절부가 어떻게 강단 있게 자결하였는지 동네 아녀자들이 의심하는 것은 이 때문이다.

평소 버럭 성을 내며 굳세고 과단성 있다고 자부하는 사람은 사내나 여인을 막론하고 명예로운 절개를 이루어 내는 경우가 드물다. 묵묵히 겉으로 드러내지 않고 화순함을 심중에 쌓은 사람만이 종종 이 일을 해낼 수 있다.

화순한 성품을 지닌 사람은 본디 본성이 외물에 가려지는 경우가 적기 때문이다. 사람의 본성을 가리는 외물 중에 목숨보다 더한 것은 없다. 그래서 화순한 성품을 지닌 사람은 차마 태연하게 죽지 못하는 것인데, 목숨을 기러기 터럭처럼 버리니 애초부터 외물에 가려진 정도가 적기 때문이다. 외물에 적게 가려져서 천성이 절로 깊어졌기 때문에 마음먹은 대로 충忠을 행하고 열烈을 행하고도 여유가 있는 것이다. 이로 보면 유순하고 온화한 성품이 열부를 만드는 것이요, 굳세고 과단성 있거나 버럭 성을 내는 성품이라고 하여 반드시 절의를 이루는 것은 아니다. 나는 열부 김씨의 어짊에 더욱 감탄하고 동네 아녀자들의 비루함을 비웃는다.

–「수산집 修山集」 권8

이동원의 부인 김씨의 절의를 기록한 전이다. 조선은 남성 중심의 사회였으며, 삼종지도三從之道라 하여 여성의 삶은 남성에게 철저하게 종속되어 있었다. 곧 여성은 어려서는 아버지를, 결혼해서는 남편을, 남편이 죽은 후에는 아들을 따라야 했다. 남편이 죽고 아들이 없을 경우 따라야 할 대상이 없어진다. 남편을 따라 죽는 것을 도리로 생각하였고, 사회에서는 이런 여성을 '열녀烈女'라 치켜세웠다. 열녀의 탄생이 유교라는 도덕 관념에 의해서만 작동된 것은 아니다. 열녀가 난 집안에는 국가에서 정려문을 세워 주고, 세금과 군역을 면제하는 등 제도적으로 뒷받침하였다. 이 때문에 조선 사회에서는 양반 서민 할 것 없이 열녀가 될 것을 강요하였으며, 여성들은 이러한 사회 분위기 속에서 자신의 목숨을 버리고 열녀가 되었던 것이다.

이종휘李種徽, 1731~1797가 지은 이 글에는 좀 다른 면이 보인다. 절부 김씨는 열일곱 살에 이씨 집안에 시집왔다. 시집온 지 얼마 안 되어 시아버지와 남편이 전염병에 걸려 죽었다. 김씨는 자식이 없기 때문에 바로 남편을 따라 죽어 열녀가 되어야 하는 상황이었다. 김씨 역시 이를 잘 알고 있었다.

김씨의 시댁에서는 이런 상황을 바꾸어 버렸다. 먼저 시어머니는 남편과 함께 아들을 잃었기 때문에 며느리 김씨보다 더 심각한 처지였다. 시어머니는 이 점을 김씨에게 강조하며 결코 목숨을 함부로 버려서는 안 된다고 당부하였다. 아울러 붓과 벼루와 책을 갖추어 주고 동네 아녀자들과 함께 한글을 배우게 하여 우울한 마음을 달래도록 하였다. 또 시동생은 쌍둥이 아들 중 하나를 형수에게 입적하였다. 김씨는 위로는 며느리로서 시어머니를 모셔야 하며, 아래로는 아들을 돌봐야 하는 처지가 된 것이다.

그런데도 김씨는 남편의 삼년상을 마치자마자 호수에 몸을 던져 자결하고 말았다. 그 이유는 무엇일까? 김씨의 자결은 정렬을 완수해야 한다는 도덕 관념과 열녀를 강요하는 사회 분위기에 기인한 것이라 단정하기 어렵다. 김씨가 남편을 따라 죽은 것에는 다른 이유도 있었던 듯하다. 글에서 두 가지 단서를 발견할 수 있다. 첫째는 한글을 배운 후, 빨리 자기 몸에 재앙이 생겨서 남편이 있는 지하로 가고 싶다는 내용의 편지를 써서 태우며 비는 대목이다. 둘째는 김씨가 이모에게 남편을 잃은 여자가 죽으려 하면 시집올 때 입었던 옷을 입고 신부의 모습으로 사흘을 지내다 죽는다는 의리에 대해 물어보는 대목이다. 이를 통해 김씨는 신혼 생활을 떠올리며 죽은 남편을 대단히 그리워하였음을 알 수 있다.

이종휘는 유순하고 온화한 성품을 지닌 김씨가 강단 있게 절의를 이룬 것을 높이 평가하였지만, 그보다는 남편에 대한 김씨의 깊은 사랑에 더 주목해야 할 듯하다. 짧은 생애를 살다 간 김씨의 진정성에 공감이 가고 마음이 아픈 것은 이 때문이다.

3부

방외인으로 살다

은둔자 설생

유랑인 평량자

검선 장생

협객 권옥

여행가 정란

골동품 수집광 김광수

은둔자 설생

薛生傳

오도일

*"세상을 등진 이후로 산수 유람이 좋아
하루도 쉬지 않고 길을 나선다오."*

청파리靑坡里는 도성의 남쪽 반 리쯤 되는 곳에 있다. 그곳에 설생薛生이 살았는데, 의기義氣가 있고 문사文辭를 좋아하는 기사奇士였다. 설생은 과거 공부를 하였으나 기이한 기질 탓에 끝내 잘 풀리지 않았다.

광해군 때 계축옥사癸丑獄事가 일어나자 세상사에 염증을 느껴 은둔하고자 하였다. 하루는 평소 뜻을 함께하는 선비가 찾아왔다. 설생은 손뼉을 치며 비분강개하였고, 시사를 담론하면서 눈물을 줄줄 흘렸다.

"인륜이 무너져 버렸소. 선비가 되어서 어찌 이러한 세상에 살 수 있단 말이오. 나는 장차 은둔하려 하는데, 그대의 생각은 어떻소?"

"본디 나도 은거하려 하였는데 그대가 지금 말을 꺼내니 더욱 함께 은거하고 싶소. 그러나 부모님이 살아 계시어 감히 경솔하게 허락하지는 못하겠소."

이렇게 말하고 친구는 설생과 이별하였다. 여러 달이 지나 친구가 다시 설생의 집에 들렀더니 집주인이 이미 바뀌어 있었다. 이웃에 사는 서생에게 설생이 어디 갔냐고 물었더니 이렇게 대답하였다.

"이달 초에 처자식을 데리고 다른 곳으로 가 버렸습니다. 저에게는 무슨 일 때문에 떠나는지, 어디로 가는지 말하지 않았습니다."

친구는 일전에 설생의 말을 들은 터라 마음속으로 그 이유를 알고 있었다. 그러나 그가 그렇게 급히 떠난 것을 이상하게 생각하였으며, 또한 어디로 갔는지도 알지 못하였다. 그 후 도성에서 멀리 떨어진 궁벽한 산골에서 오는 사람이 있으면 일일이 설생의 거취를 캐물었으나 그를 만났다는 사람은 아무도 없었다.

인조반정 후 친구는 발탁되어 내외 관직을 두루 역임하였으며 점점 벼슬이 높아졌다. 갑술년1634, 인조12에 강원도 관찰사가 되어 순시를 하던 중 3월에 간성杆城에 이르렀다. 관찰사 일행은 청간정淸澗亭 남쪽 영랑호永郎湖에 배를 띄웠다.

영랑호는 이름만큼 특별한 관동 최고의 명소였다. 기우제를 지내는 곳으로, 물가의 언덕은 씻은 듯이 깨끗하고 반짝이는 물결은 푸르게 일렁였다. 멀리 검은 눈썹 모양의 산이 이내 중에 모습을 드러냈다 숨었다 하고, 강과 바다를 끼고 만개한 해당화는 목욕을 한 듯 말갛게 피었다.

얼마 후 멀리서 옷자락을 나부끼며 배를 저어 오는 사람이 있었다. 안개와 구름이 짙게 끼어서 배가 있는 듯 없는 듯 하였다. 가까이 이르러서야 분명하게 알아볼 수 있었는데, 배에 탄 사람은 바로 설생이었다. 관찰공이 크게 놀라 배를 불렀다. 설생을 자신이 탄 배에 오르게 하고는 마치 격세지인隔世之人을 만난 것처럼 악수하며 매우 기뻐하였다. 공이 설생에게 물었다.

"지금 사는 곳이 어디오? 어떻게 배를 타고 이곳에 왔소?"

설생이 대답하였다.

"내가 사는 곳은 양양부 관아에서 동남쪽으로 60리쯤 되는 곳에 있는 회룡굴回龍窟이라오. 그곳은 매우 궁벽한 곳이라 속인이 거의 이르지 않소이다. 이 때문에 세상 사람들이 알지 못한다오. 마침 길일이고 날씨가 좋아서 흥이 일어나 경솔하게 이곳에 이르게 되었소이다."

두 사람은 옛날에 만나고 헤어졌던 이야기를 주고받으며 끊임없이 정담을 나누었다. 얼마 있다 비가 내리다가 잠시 개는가 싶더니 바람이 일었다. 배가 쏜살같이 내달리는 바람에 이리저리 살펴도 앞에 있는 산이 몇 겹인지 알 수 없을 정도였다. 설생이 일어나 말하였다.

"내가 사는 곳이 여기서 그다지 멀지 않소이다. 육로로 가면 수십 리쯤 되지만 순풍에 배로 가면 반나절도 되지 않아 다녀올 수 있을 것이오. 나를 평소 친하게 지내는 벗으로 생각하여 내치지 않는다면 내가 사는 곳에 들러 주기 바라오."

공이 응낙하고는 배를 재촉하여 설생과 함께 갔다. 어스름한 저녁나절에 육지에 이르러 나란히 말을 타고 가다가 중에게 가마를 메게 하고는 수풀 속 계곡을 따라 들어갔다. 몇 리쯤 들어가자 깎아지른 벼랑이 오롯하게 서 있었다. 누군가 깎은 것이 아니라 저절로 깎여 만들어진 것으로, 참으로 기괴한 형상이었다. 높이가 수십 길이나 되었으며, 가운데가 굴처럼 갈라져 있고 주위는 벼랑으로 둘러쳐 있었다. 좌우로 물이 콸콸 소리를 내며 흘렀는데 물 뿜어내는 소리가 마치 메아리치는 것 같았다. 벼랑 앞에 문이 하나 있고, 문 위쪽에 회룡굴이라고 씌어 있었다.

문 앞으로 돌길이 휘돌아 굽었고, 오른쪽은 깎아지른 절벽인데 모양이 조도鳥道와 같았다. 절벽의 갈라진 틈으로 넝쿨을 잡고 매달려 올라갔다. 어깨를 한껏 움츠리고 굴속으로 들어가니 설생의 집이 나왔다. 터가 널찍하여 집 100여 채는 들어갈 정도였는데, 인가가 빗살처럼 늘어서 있었다. 땅은 기름졌으며 물에서는 물고기를 잡고 산에서는 나물을 캘 수 있었다. 나무도 많았는데 뽕나무, 배나무, 밤나무 등이었다. 옛날에 이른바 도원桃源이나 귤주橘洲•와 같은 곳이었다.

설생이 공을 상당上堂으로 데리고 가서 아이들을 불러 소반에 나물을 담아 오라고 하였다. 먹어 보니 맛이 담담하고 단 것이 속세의 맛과는 매우 달랐다. 아름다운 숲 그늘에 앉아 쉬다가 그 옆의 물가 바위에서 낚시를 하였다. 숲 그늘을 걷고 못가를 산보하노라니, 물고기와 새는 사람을 무서워하지 않고 구름과 안개는 마음을 즐겁게 해 주었다. 숲속의 계곡이며 바위가 모두 기괴하고 장관을 이루어서 볼만하였는데, 아침저녁 천태만상으로 모습이 바뀌었다. 비록 역법과 수학에 능한 사람이라 할지라도 이 모습을 형용할 수 없을 정도였다.

공은 모든 것이 좋아서 돌아가기를 잊었다. 며칠을 머물다가 떠나며 공이 설생에게 농담을 건넸다.

"산수가 맑고 기이한 것은 은자의 법도인데, 집에 재물이 많으니 산에 사는 사람이 이래서야 되겠소."

• 도원桃源이나 귤주橘洲 : 도원은 도잠陶潛의 「도화원기桃花源記」에 나오는 무릉도원이다. 귤주는 중국의 호남성湖南省 장사시長沙市 서쪽 상강湘江 가운데의 비옥한 지역으로, 예로부터 귤이 많이 생산되었고, 풍경이 아름다웠다.

설생이 웃으며 말하였다.

"내가 평소 이리저리 유람하며 지내는 곳은 단지 여기만이 아니외다. 세상을 등진 이후로 산수를 자유로이 유람하는 것이 너무나 좋아서 하루도 쉬지 않고 길을 나선다오. 서로는 속리산의 빼어난 경치를 찾아보았고, 북으로는 묘향산의 승경을 조망하였다오. 가야산과 두류산도 올랐소. 무릇 우리나라에 경관 좋기로 유명한 산천 중에서 내가 가 본 곳이 거의 반이나 된다오. 마음에 맞는 곳을 만나면 매번 무성한 덤불을 베어 내고 집을 짓고 비탈을 개간하여 밭을 만들어서 2년이나 3년을 살았소. 살다가 즐겁지 않으면 곧 다른 곳으로 옮겼다오. 이 때문에 내가 사는 곳은 산수가 빼어나고 아름다우며 논밭과 집이 널찍하다오. 여기보다 열 배나 좋은 곳도 많은데 다만 세상 사람들이 알지 못할 뿐이라오."

공은 설생의 말을 듣고 기괴하게 여기면서 한참을 감탄하였다. 마침내 오언시 한 편을 지어 설생에게 주었다.

"훗날 서울로 반드시 찾아오시오."

공은 설생과 만나기로 약속을 하고 떠났다.

3년이 지나 설생이 과연 서울로 공을 찾아갔다. 공은 마침 관리를 선발하는 직책을 맡고 있어 설생에게 벼슬을 주려고 하였다. 설생은 이를 부끄럽게 여겨 마침내 도망쳤다. 공은 다시 설생을 만날 수 없었다. 훗날 공이 회룡굴을 다시 찾아갔으나 이미 폐허로 변해 있었다.

설생은 출신지가 어디인지 모른다. 성은 설씨이며 이름은 알 수 없다. 관찰공 역시 성과 이름을 알 수 없는데 인조 때 현달한 관리였다고 한다. 이 이야기를 나에게 전해 준 이는 수성隋城에 사는 최성윤崔聖胤 군이다.

다음과 같이 찬한다.

즐거운 세상이면 나아가 도를 행하고 걱정스러운 세상이면 물러나 은거하는 것이 본래 군자가 출처를 시의에 맞게 하는 방도이다. 설생은 광해군 때 정치가 혼란하였기 때문에 은거하여 자취를 감추었다. 그러니 밝은 임금이 다시 나오고 어진 신하가 조정에 가득한 시대에는 벼슬을 구하여 의기양양하게 조정에 서도 괜찮다. 그런데 자신의 능력을 숨기고 자취를 감추었으니, 필시 세상에서 자신의 존재를 완전히 지워버리려 한 것이다. 기이한 일이다. 아니면 설생은 본래부터 이 세상을 부족하다고 여겨 은거하는 것을 최고로 여긴 것인가. 아니면 애초부터 세상을 떠나려고 한 것은 아니었으나 다만 혼란한 정치를 피하여 현묘함과 운수를 터득해서 끝내 무엇과도 바꿀 수 없는 즐거움을 가졌기 때문인가.

옛날 주周나라가 쇠퇴하자 노자老子는 세상을 등졌다. 그의 학문 또한 텅 빈 것처럼 깊이 자취를 숨기고 스스로를 숨겨 이름 드러내지 않는 것을 최고로 삼았다. 지금 설생의 행적을 살펴보면, 그 역시 노자의 부류를 배운 것이다. 그러나 한평생을 악착같이 명예를 얻기 위하여 더러운 곳에 처하면서도 부끄러워할 줄 모르고 형벌을 받아도 그칠 줄 모르는 자들과 비교해 본다면, 설생이 훨씬 어진 사람이라 할 것이다.

–『서파집 西坡集』 권18

광해군, 인조 연간의 이인異人 설생薛生의 이야기이다. 이 글을 지은 오도일吳道一, 1645~1703은 설생의 이야기를 최성윤에게 들었다고 적시해 두었다. 설생은 꾸며 낸 인물이 아니라 실존 인물이라는 것이다.

설생은 사대부 가문의 자제이다. 사대부의 출처관은 시대가 태평하면 관직에 나아가 도를 행하고, 혼란하면 물러나 학문을 도야하는 것이다. 설생은 광해군 때 계축옥사를 보고 세상사에 염증을 느껴 은둔하려는 결심을 굳혔다. 계축옥사는 1613년광해군5 대북파大北派가 영창대군과 반대파를 제거하기 위하여 일으킨 옥사로, 이로 인해 영창대군이 죽고 반대파는 축출되었다. 이때 대북파와 입장을 달리했던 많은 사대부가 은거하였다가 1623년 인조반정 이후 다시 조정에 나와 벼슬하였다.

설생의 은거는 이들의 은거와는 결을 달리한다. 훗날을 도모하며 학문을 도야하지 않았으며, 세상과 모든 관계를 끊고 사람들이 접근할 수 없는 곳으로 숨어 버렸다. 인조반정 이후에도 다시 세상에 나오지 않았다. 세상에서 자신의 존재를 완전히 지워 버린 것이다. 이런 까닭에 오도일은 설생을 두고 노자의 부류를 배운 사람이라 하였다.

한편 설생이 사는 회룡굴은 절벽의 좁은 틈을 통해 들어갈 수 있는 곳으로, 세상과 완전히 단절된 곳이다. 회룡굴 안은 터가 널찍하여 인가를 이룰 만하며, 땅이 기름져서 온갖 과실나무가 자라는 곳이었다. 회룡굴은 도연명의 「도화원기」에 나오는 마을과 비슷하다. 설생의 친구가 다시 찾았을 때 회룡굴은 이미 폐허로 변해 있었다고 하였다. 실제로 이런 곳이 있었는지는 알 길 없으나, 난세의 지식인들이 도원과 같은 이상향을 꿈꾸었던 것만은 분명하다.

유랑인 평량자

平涼子傳

서형수

"몸을 감추는 것은 그래도 쉽지만
이름을 감추는 것은 매우 어렵다."

평량자平涼子는 어느 곳 출신인지 모르며 성과 이름도 알지 못한다. 그가 '평량립平涼笠'이라 불리던 패랭이를 쓰고 다녔기 때문에 '평량자'라고 일컬었다.

숙종 연간에 판서를 지낸 윤계尹堦는 상국에 오른 조사석趙師錫, 참판을 지낸 경慶 아무개와 함께 약관 때부터 친한 벗이었다. 세 사람은 장단長湍의 화장사華藏寺에서 독서하기로 서로 약속을 하였다. 힘센 짐꾼에게 식량을 짊어지게 하고, 각자 책 한 가지씩을 소매에 넣고는 나란히 서서 여유롭게 길을 떠났다. 고양高陽 벽제碧蹄의 객점 근처에 다다랐는데, 평량자가 어느 곳에서부턴가 그들의 뒤를 따르고 있었다. 평량자가 짐꾼에게 물었다.

"지체 높은 집안의 자제분들은 어디로 가시는 길이오?"

"화장사로 가서 책을 읽으려고 하십니다."

평량자는 자기도 화장사 근처로 간다며 계속 따라갔다. 벽제의 객점에 도착하여 잠시 쉬었다. 조공이 소매에서 『주역』을 꺼내어 두 공에게 물었다.

"정자程子의 『역전易傳』과 주자朱子의 『역본의易本義』는 각기 주장하는 바가 있는데, 누구의 해석이 정당한가?"

두 공은 미처 대답을 하지 못하였다. 평량자가 한쪽 구석에 구부정하게 앉아 있다가 갑자기 몸을 돌려 미소를 띠며 말하였다.

"제가 오랫동안 산사를 돌아다니면서 학식 높은 선비가 『주역』에 대해 논하는 것을 들어 본 적 있습니다. 『역본의』가 점서占筮를 담은 『주역』의 의미를 충실히 설명하기 위해 지은 것이라면, 『역전』은 다만 정자가 『주역』에 담겨 있는 도리를 설명한 것입니다. 만약 『주역』을 해석하고자 한다면 『역본의』가 정당할 듯합니다."

여러 공이 처음부터 그를 이인異人으로 여겼는데, 이때가 되어 더욱 기이하게 생각하였다. 윤공이 소매에서 『장자莊子』를 꺼내어 시험 삼아 평량자에게 물었다.

"「소요유逍遙遊」 중에 '야마진애野馬塵埃'부터 '원이무소지극遠而無所至極'까지는 학자들의 해석이 분분하여 논란이 많소이다. 어떤 학자는 '야마아지랑이'와 '진애티끌'를 붕새가 의지하여 날아가는 것으로 해석하고, 어떤 학자는 생물들이 입김을 내뿜어서 위로 올라가는 것으로 보아 '정색야무극야正色耶無極耶'를 일으키는 구절로 보기도 합니다.

그러나 앞과의 연결을 보면 '천지창창天之蒼蒼'은 의미상 귀결될 곳이 없어져 버리고 맙니다. 뒤와의 연결을 보면 이 몇 구절은 모두 곤붕鯤鵬, 제해齊諧 부분과 조응되지 않고 갑자기 크게 맥락이 바뀌어 버리고 맙니다. 학식 높은 선비가 이에 대해 논하는 것을 들어 본 적 있소이까?"

평량자가 즐거운 표정으로 웃으며 대답하였다.

"네, 들은 적 있습니다. 이 부분은 아래에 있으면서 위를 우러러보는 자의 견지에서 말한 것입니다. 붕새는 극히 높은 곳까지 날아오르니 시력을 극도로 하여도 아득하고 아득하여 포착할 수 없는 까닭에 뭐라 확정할 수 없어서 '저것은 야마인가, 진애인가?'라고 한 것입니다. 어찌 생물들이 입김을 내뿜는 데서 생겨난 것이겠습니까.

또 단지 붕새만 분별하지 못하는 것이 아닙니다. '하늘이 푸르고 푸른 것은 본래의 빛깔인가? 아니면 끝없이 멀고 멀기 때문인가?天之蒼蒼, 其正色耶? 亦遠而無所至極耶?'는 모두 아득함을 잘 형상화한 것입니다. 그렇기 때문에 이어지는 구절을 '붕새가 아래를 내려다볼 때에도 이와 같을 뿐이다.'라고 마무리 지은 것입니다. 무릇 주석에 잘못된 설이 많고, 읽는 사람이 문맥의 의미를 살피지 못한 것이지, 어찌 제대로 해석하지 못할 것이 있겠습니까."

이 말을 들은 공들이 더욱 그를 이인으로 보게 되었다. 또 경공이 소매에서 두보杜甫의 시집을 꺼내어 시험 삼아 물었다.

"두보의 시에서 '청등사분예 결월수미생青燈死分翳, 缺月殊未生'• 이 두 구의 의미가 가장 난해합니다. 학식 높은 선비가 이에 대해 논하는 것을 들어 본 적 있소이까?"

평량자는 한층 신이 나서 대답하였다.

"네, 들은 적 있습니다. 불꽃이 장차 소멸하려 할 때에는 반드시 불꽃 위에 가려진 깜부기불이 먼저 꺾여 날아간 뒤에 꺼집니다. 그런 까닭에 '소멸하며 깜부기불이 떨어져 나가다.死分翳'라고 한 것입니다. 두 구에서 '사死' 자는 '수殊' 자와 정확히 대對가 됩니다. 여기서 '수殊' 자는 『한서漢書』의 '강 위의 군사들이 거의 죽은 상태로 죽자 살자 싸우다.水上軍殊死戰'의 '수殊'와 의미가 같습니다. 곧 수殊는 '거의 죽게 됨'의 뜻이며, 이 시구는 이지러진 달이 거의 죽어서 아직 살아

• 청등사분예 결월수미생青燈死分翳, 缺月殊未生 : 두보의 오언고시 「숙착석포宿鑿石浦」의 7, 8구에 해당한다. 『두시상주杜詩詳註』에는 '궐월수성생 청등사분예闕月殊成生, 青燈死分翳'로 되어 있다.

나지 않음을 말한 것입니다."

세 공은 평량자를 대단한 이인으로 생각하였다. 밥을 다 먹은 뒤 함께 파주坡州의 객점에서 묵으며 고금의 사건들을 거침없이 논의하고 경사經史를 두루 이야기하느라 새벽닭이 울어도 잠들지 않았다. 성과 이름을 알려 달라고 굳이 요구하였으나 평량자는 대답하지 않았다. 공들이 함께 화장사에 가자고 부탁하자 그러자고 하였다. 날이 밝을 무렵 세 공은 평량자를 데리고 윤공의 곁방에 가서 잠을 자고 이튿날 산으로 들어가려 하였다. 그런데 잠에서 깨어 보니 평량자는 떠났고, 그가 간 곳을 알 수 없었다. 지금까지도 세 공의 집안에서는 이 일을 이야기하며 특이한 사건으로 여긴다고 한다.

다음과 같이 논한다.

천고에 일민逸民은 시종일관 세상에 나오지 않은 자이다. 이를테면 소보巢父, 허유許由, 장저長沮, 걸닉桀溺, 엄자릉嚴子陵, 진희이陳希夷 같은 사람은 모두 그 이름을 숨길 수 없었다. 유독 삼태기를 멘 자와 둥구미를 멘 자, 한수 남쪽에서 농사짓던 노인만이 능히 그 이름을 감출 수 있었다. 대개 몸을 감추는 것은 그래도 쉽지만 이름을 감추는 것은 매우 어렵다. 평량자는 능히 이름을 감추었으니, 어려운 경지에 이르렀다 할 것이다.

그러나 나는 평량자를 애석하게 생각한다. 우리나라의 풍속에 선비는 절풍건折風巾을 쓰고 백성은 패랭이를 쓴다. 이런 까닭에 경사를 논설할 때, 좌중에 절풍건을 쓴 사람이 있으면 분위기가 온화하고 늘 있는 일로 여긴다. 그러나 패랭이를 쓴 사람을 만나면 시끄럽게 논쟁하며 기이한 일로 여긴다. 평량자는 어찌하여 절풍건을 쓰지 않고, '평량자'라는 이름과 함께하여 세상에서 일컬어짐이 없게 하였던가. 그러니 내가 비록 그의 전을 짓고자 한들 할 수 있겠는가.

—『명고전집 明皐全集』 권14

조선 후기의 이인異人 평량자의 이야기이다. 평량자는 패랭이를 쓰고 다니는 사람이라는 뜻이다. 성과 이름을 알 수 없기에 이렇게 명명한 것이다. 이야기는 숙종 연간에 판서를 지낸 윤계1622~1692, 정승에 오른 조사석1632~1693, 참판을 지낸 경 아무개가 젊은 시절 장단의 화장사로 함께 공부하러 가는 것으로 시작한다. 세 사람은 가는 길에 평량자를 만났는데 그에게 각각 『주역』, 『장자』, 두보의 시에 관한 질문을 던졌다. 평량자는 산사를 돌아다닐 때 학식이 높은 선비에게 들은 내용이라고 하면서 각각의 질문에 당당하게 답하였다. 문제가 상당히 어려운데도 평량자는 구체적인 근거를 들어 가며 논리적으로 대답하였다. 세 사람은 평량자와 함께 파주의 객점에 묵으며 밤새도록 경사經史에 대해 토론을 벌였다. 그들이 굳이 묻는데도 평량자는 자신의 정체를 끝까지 밝히지 않았고, 날이 새자 떠나버렸다.

서형수徐瀅修, 1749~1824는 평량자를 일민逸民으로 보았다. 일민은 학문과 덕행이 있으면서도 세상에 나가지 않고 묻혀 지내는 사람이다. 일민 중에는 이름이 밝혀진 사람도 있으나, 이름이 밝혀지지 않은 사람도 있다. 서형수는 이름이 밝혀지지 않은 사람을 더욱 높이 평가하였다. 세속적 영리榮利를 추구하든 은거를 택하든 사람은 누구나 자기 존재를 인정받고 싶어 한다. 자신의 이름을 세상에 알리고 후대에 전하고자 한다. 그러나 평량자는 세 사람의 강한 요구에도 끝까지 이름을 밝히지 않았다. 평량자는 '일민'이라고 칭해지는 것조차 초탈했던 것이다.

한 가지 짚고 넘어갈 것은, 평량자의 학식이 세 사람보다 뛰어났다는 점이다. 세 사람은 지체 높은 집안의 자제들로 훗날 판서, 정승, 참판 등 고위직에 올랐다. 만약 평량자가 세상에 나와 벼슬하였다면, 이들보다 더 높은 지위에 오르고 대단한 공을 세웠을 것이다. 그러나 평량자는 유랑 지식인으로 살아갈 수밖에 없었다. 평량자가 재능을 펼칠 수 있는 세상이 아니었기 때문이다.

검선 장생

蔣生傳

허균

"사실 나는 죽지 않았소.
바다 동쪽에 있는 나라를 찾아 떠난 것이라오."

장생蔣生은 내력이 어떤 사람인지 잘 모른다. 기축년1589, 선조22 무렵 서울을 왕래하며 걸식하면서 살았다. 이름을 물으면 자기 역시 알지 못한다 하였고, 아버지나 할아버지가 살던 곳을 물으면 이렇게 대답하였다.

"아버지는 밀양密陽의 좌수座首였는데 내가 세 살 되던 해에 어머니가 돌아가시자, 비첩婢妾의 속임수에 빠져 나를 농장에 있는 노비의 집으로 내쫓았소. 열다섯 살에 노비가 상민의 딸과 혼인하게 해 주어서 몇 년을 살았소. 그러다가 아내가 죽어 호남과 호서의 수십 고을을 떠돌다 서울까지 오게 되었소."

장생은 용모가 매우 준수하고 눈썹과 눈도 그려 놓은 듯하였다. 담소를 잘하여 막힘이 없었다. 특히 노래를 잘 불렀는데, 소리가 처절하여 사람들을 감동시켰다. 늘 자주색 비단으로 된 겹옷을 입고 다니면서 추울 때나 더울 때나 갈아입는 법이 없었다.

기생집을 휩쓸고 다녀 기생들과 잘 알고 지냈다. 술을 보면 자기가 떠다가 잔뜩 마시고는 노래를 부르며 아주 즐겁게 놀다가 떠났다. 혹 술에 거나하게 취하면 맹인, 점쟁이, 술 취한 무당, 게으른 선비, 소박맞은 아낙, 거지, 노파 들이 하는 짓을 흉내 내는데 아주 똑같았다. 가면을 쓰고 십팔나한十八羅漢을 흉내 내기도 하였다. 입을 오므려 피리, 거문고, 비파, 기러기, 고니, 무수리, 집오리, 갈매기, 두루미 등의 소리를 내는데, 진짜와 구별하기 어려울 정도로 똑같았다. 밤에 닭 우는 소리와 개 짖는 소리를 내면 이웃집의 닭이 모두 따라 울고 개가 다 짖어 댈 정도였다.

아침이면 저잣거리로 나와 구걸을 하였다. 하루에 얻는 것이 거의 서너 말이나 되어 몇 되쯤은 끓여 먹고, 나머지는 다른 거지들에게 나누어 주었다. 그가 밖으로 나오면 거지 아이들이 뒤를 따라다녔다. 다음 날에도 여전하였다. 사람들은 그가 무슨 짓을 할지 종잡을 수가 없었다.

한번은 악공樂工 이한李漢의 집에서 더부살이를 하였다. 머리를 쌍갈래로 땋은 어떤 여자아이가 호금胡琴을 배우러 드나들었는데 아침저녁으로 장생과 만나서 친숙해졌다. 하루는 아이가 구슬 달린 자주색 봉미鳳尾, 머리에 꽂는 노리개를 잃어버렸다고 하였다. 아침에 거리를 지나다가 준수한 소년을 만나 농담하며 잠깐 몸을 스쳤는데, 이내 봉미가 보이지 않았다는 것이다. 아이는 애처롭게 울며 그치지 않았다.

장생이 아이를 달랬다.

"가소롭군. 어린것들이 감히 그런 일을 하다니. 아이야 울지 마라. 내가 찾아서 저녁때까지 반드시 소매 속에 넣어 오겠다."

장생은 말을 마치고 훌쩍 나갔다. 저녁이 되자 아이를 불러내 따라오게 하였다. 서쪽 거리 옆의 경복궁景福宮 서쪽 담장을 따라 신호문神虎門 모퉁이에 이르렀다. 장생은 아이의 허리를 큰 띠로 묶어 왼쪽 어깨에 들쳐 메고 풀쩍 뛰어오르더니 겹겹의 중문重門 안으로 날아 들어갔다. 한창 어두울 때여서 길도 분간하기 어려웠는데 훌쩍 뛰어 경회루慶會樓 위로 올라갔다. 소년 두 명이 촛불을 들고 마중 나와 장생을 보더니 깔깔거리며 웃었다. 그러더니 마룻대 위 구멍에서 금구슬, 비단, 명주 등을 꺼냈다. 아이가 잃어버린 봉미도 있었다.

소년들이 그것을 돌려주자 장생이 일렀다.

"두 아우는 행동거지를 조심하여 세상 사람들이 우리의 종적을 알지 못하도록 하게나."

장생은 아이를 데리고 다시 날아서 성 북쪽으로 나와 집으로 돌려보냈다. 날이 밝기 전에 아이가 감사 인사를 하려고 이씨 집으로 갔더니, 장생은 술에 취해 곯아떨어져 코를 골고 있었다. 어느 누구도 그가 밤에 외출했던 일을 알지 못하였다.

임진년1592, 선조25 4월 1일, 장생은 외상으로 술 몇 말을 먹고 대취하여 길을 가로막고 춤을 추며 노래를 부르다가 밤이 되어 수표교水標橋 위에 쓰러졌다. 날이 밝아 사람들이 그를 발견했는데 죽은 지 이미 오래였다. 시체가 부패하여 벌레가 되더니 전부 날개가 돋아 날아갔는데, 하룻밤 사이에 다 없어지고 옷과 버선만 남아 있었다.

무인武人 홍세희洪世熹는 연화방蓮花坊에서 살면서 장생과 친하게 지냈다. 4월에 이일李鎰, 1538~1601을 따라 왜적을 막으러 가다가 조령鳥嶺에 이르렀을 때, 짚신을 신고 지팡이를 짚은 장생을 만났다. 장생이 홍세희의 손을 붙잡고 몹시 기뻐하며 말하였다.

"사실 나는 죽지 않았소. 바다 동쪽으로 어떤 나라를 찾아 떠난 것이라오. 내가 보니 그대는 지금 죽을 나이가 아니오. 전투가 벌어지면 높은 산으로 올라가고 강쪽으로는 가지 마시오. 정유년1597에는 남쪽으로 오지 마시오. 혹 공무가 있더라도 산성에는 오르지 마시오."

장생은 말을 마치자마자 눈 깜박할 사이에 나는 듯이 가버렸다. 그 후 홍세희는 탄금대彈琴臺 전투에서 그가 한 말을 기억하고 산 위로 달아나 죽음을 면할 수 있었다.

정유년 7월, 홍세희가 금군禁軍으로서 숙직을 할 때 오리梧里 이원익李元翼, 1547~1634 정승에게 임금의 교지를 전해 줄 일이 있었다. 그는 장생의 경계를 까맣게 잊고, 돌아오는 길에 성주星州에 이르러 적군에게 추격당하자, 황석성黃石城이 방비가 잘 되어 있다는 소리를 듣고 급히 성으로 들어갔다. 그러나 성이 함락되면서 홍세희도 죽고 말았다.

내가 젊었을 때 협사들과 친하게 지냈고, 장생과도 농담을 주고받을 정도로 아주 친하게 지냈으며 그의 잡기를 모두 구경하였다. 아아, 그는 신선이 아니면 옛날에 말하던 검선劍仙과 같은 부류였으리라!

–『성소부부고 惺所覆瓿藁』 권8

조선 중기의 문인 허균許筠, 1569~1618이 장생의 기이한 행적을 기록한 글이다. 허균 이후로 홍만종洪萬宗, 1643~1725의 『해동이적海東異蹟』에도 장생의 이야기가 실려 있다. 『해동이적』은 우리나라 고대부터 홍만종 당대까지 신이한 행적을 보인

인물을 기록한 책이다. 조선 후기의 문인 김려金鑢, 1766~1822 역시 허균의 전과 홍만종의 책을 참고하여 「장생전蔣生傳」을 지었다.

장생은 어릴 적 아버지에게 버림받아 떠돌이 거지로 살아갔다. 사람들의 시선을 끄는 잘생긴 외모, 익살스러우면서도 막힘이 없는 언변, 노래와 춤, 동물과 사람을 흉내 내는 연기력까지 겸비하였다. 그는 거지나 기생 같은 사회 비주류에게 인기가 좋았다. 요즘에 태어났으면 잘나가는 연예인이 되었을 법하다.

허균은 장생의 신이한 행적과 관련하여 두 가지 일화를 기록하였다. 하나는 악공 이한의 집에서 더부살이할 때 호금을 배우러 다니는 여자아이를 도와준 일이며, 다른 하나는 임진왜란이 일어났을 때 평소 친분이 있던 무인 홍세희를 살려 주려고 한 이야기이다.

그런데 밤에 아이를 들쳐 메고 궁궐 담을 넘어 경회루에 올랐다거나, 수표교에서 쓰러져 죽었는데 시체가 벌레로 변하여 날아갔다거나, 죽은 이후에 평소 친분이 있던 홍세희를 만났다거나, 임진왜란과 정유재란 때의 전세를 미리 예측하였다는 것 등은 참으로 믿기 어려운 이야기이다. 그리하여 허균은 장생을 도술을 부리는 신선이거나 검선劍仙이라고 한 것이다.

허균은 「장생전」뿐만 아니라 「장산인전張山人傳」, 「남궁선생전南宮先生傳」 등 신선을 다룬 전기를 많이 지었다. 허균은 명문가의 자제로 태어나 벼슬길에 나가 여러 관직을 역임하다가 끝내 역모 죄로 몰려 참형을 당하였다. 그의 죽음은 정치권력의 음모로 인한 것이기는 하나, 사상과 행적에 사회 통념상 받아들이기 어려운 점이 많았던 것은 사실이다.

허균은 예교禮敎를 거부하고, 이단시되던 불교나 도교에 관심이 많았다. 젊은 시절 서류庶流와 교유하였고, 장생과 같은 협사俠士들과 친하게 지내기도 하였다. 사대부 문인으로서는 파격적인 사상과 행보라 할 만하다. 허균이 신선에 관심을 가지고 그들의 삶을 기록한 것은 이와 무관하지 않다.

당시 조선 사회에서 장생과 같은 부류는 사대부 양반에게 사람 취급을 받지 못하였다. 허균도 이 사실을 잘 알고 있었다. 일본의 침략에 자기만 살겠다고 도망치는 무기력한 왕을 보면서, 허균은 장생 같은 사람의 믿기 어려운 도술에라도 기대를 걸어 보고 싶었던 것일까.

협객 권옥
權兼山傳

김윤식

"자네는 나를 염려하는가?
우리들이 먹고사는 것은 저 좀스러운 서생들과는 다르다네."

권옥權鈺은 서울 사람이다. 조부 권기權耆는 정조 때에 승정원 승지를 지냈다. 권옥은 어려서 아버지를 여의어 행실을 제대로 닦지 못했으나 기이한 재주가 있었다. 일곱 살 때 아래의 시구를 지었는데 보는 사람들이 감탄하였다.

물소리는 얼음 아래 매끄럽고
산색은 눈 온 뒤에 풍만하다
水聲氷底滑　山色雪餘肥

장성해서는 세상이 자신을 받아 주지 않음을 깨닫고 궁색

하고 누추한 처지를 늘 슬퍼하였다. 그는 자기 단속을 포기하고 방종을 즐겼다. 행실이 법도에 맞지 않아 이웃 사람들이 모두 꺼리고 피하였다.

권옥은 베푸는 것을 좋아하였다. 본디 집이 넉넉하였는데, 가난한 친척과 벗에게 집안의 재물을 아끼지 않고 빌려주었다. 재물이 없어지자 남쪽으로 내려가 호서 지방을 유람하며 의로운 기개를 실행하고 바르지 못한 일들을 바로잡았다. 항상 패랭이를 쓰고 다니며 스스로 호를 '겸산兼山'이라 하였다. 호서 사람 가운데 여자와 아이들까지도 권겸산權兼山을 모르는 사람이 없었다.

권옥은 저잣거리를 즐겨 다녔는데 물건값을 잘 매겼다. 시장에서 물건을 사고팔 때 사람들은 그의 말만 기다렸다. 권옥은 가운데 서서 좌우를 둘러볼 뿐 아무것도 하지 않는 듯하였다. 그러나 교활한 상인과 약은 장사치는 감히 실상을 숨기지 못하였으며, 사나운 포교와 약삭빠른 아전도 숨죽이고 엎드려 조심스레 바라보았다. 권옥은 마치 흙으로 빚은 인형처럼 가만히 있다가 해 질 무렵이면 이익을 거두어 술과 고기값으로 삼았다. 그 돈이 매일 수천 전錢 아래로 내려가는 법이 없었다.

호서 사람 중에 권세가를 믿고 횡포를 부리며 남의 묘지를 강탈하여 장사를 지낸 사람이 있었다. 그러나 묘의 주인은 이를 막을 수가 없었다. 권옥이 그의 집에 이르러 차분히 위로하였다.

"걱정하지 마시오. 내 반드시 그대가 억울한 일을 당하도록 내버려 두지 않겠소이다."

그는 편지를 써서 사방의 행상과 떠돌이 들을 불러 모았는데, 그 숫자가 수천 명에 달하였다. 권옥은 그들을 이끌고 산에 올라가 무덤을 파헤치고 관을 부수어 시신을 꺼낸 다음 토호의 집에 끌어다 놓고 꾸짖었다.

"파리나 모기 같은 힘을 믿고 죽은 아비를 팔아 횡재를 얻으려 하느냐? 이놈 지금 어디에 있느냐? 돈을 써서 탐관오리는 부릴 수 있겠지만 나는 어쩔 테냐?"

권옥이 호통을 치자 온 집안이 울음을 참고 찍소리도 못한 채 머리를 조아리며 숨을 죽이고 있었다. 권옥이 떠난 지 사흘이 지나도록 아이 울음소리도 문밖으로 나오지 않았다. 이때부터 호서에서는 남의 묘지에 몰래 장사 지내려고 밤에 유골을 싣고 다니는 자가 없어졌다.

홍주洪州에 왕자 집안의 묘를 지키는 부자가 살고 있었다. 그가 하루는 사사로운 원한 때문에 같은 마을에 사는 선비를 때려 죽였다. 선비의 세 아들이 관아에 고소를 하자, 그가 왕자의 집으로 도망쳐 숨어버렸다. 홍주 목사가 사람을 보내 그를 내놓으라고 요구하자, 왕자가 허락하여 그에게 형구를 채워 홍주 옥으로 압송하였다.

그 부자는 계책이 막혀 빠져나갈 길이 없자 뇌물을 써서 모면하려고 하였다. 권옥이 이 이야기를 듣고 곧바로 선비 집으로 가서 개돼지만도 못한 놈들이라고 소리쳤다. 세 아들이 놀라 문밖으로 나와서 권옥을 보고 납작 엎드렸다. 권옥이 크게 꾸짖었다.

"지금 도적놈이 너희 아비를 죽이고도 이생에서 편안히 먹고 누워 자고 있다. 그런데 너희 셋은 칼을 들고 가서 그 놈을 찔러 죽이지도 못하고, 그저 약해 빠져서 죽을까 봐 겁을 먹고 머뭇머뭇하며 남의 손만 기다리고 있느냐. 저놈이 하루아침에 뇌물을 써서 판결이 뒤집혀 죽기 직전에 풀려난다면, 너희가 아버지의 원수를 갚으려 한들 그럴 수 있겠느냐."

세 아들이 울면서 살려 달라고 애걸하였다. 권옥이 쯧쯧 혀를 차며 말하였다.

"너희를 보니 못할 게 뻔하다. 내가 너희를 위해 이 일을 처리해 주겠다."

권옥은 사람을 보내 전에 불렀던 자들을 다시 불러들였다. 그날로 사람들이 관아에 구름처럼 몰려가서 옥문을 부수고, 세 아들을 들여보내 하고 싶은 대로 하도록 내버려 두었다. 세 아들은 앞다투어 부자의 배를 갈라 간을 꺼내 질근질근 씹고 머리와 허리를 자르고 사지를 잘라 낸 뒤 춤추고 날뛰다가 돌아갔다. 홍주 사람들은 권옥을 늠름하다 생각하고 통쾌한 일이라고 하였다. 애초에 홍주 목사가 권옥이 왔다는 얘기를 듣고 아전들에게 경거망동하지 말라고 단단히 일렀으므로, 세 아들이 복수할 때 옥에서는 끝내 별일이 없었던 것이다. 당시에 청렴하지 않은 감사나 수령이 있으면 권옥이 길에서 꾸짖고 욕보였기에 그들은 모두 귀를 막고 지나갔다.

권옥은 성격이 강개하여 아첨하는 자를 원수처럼 미워하고 권세 부리는 자를 업신여겼다. 그러나 어려운 일을 당한 사람이 있다는 얘기를 들으면 밤에도 잠을 이루지 못하였다. 그가 가는 곳마다 가난하고 힘없는 사람은 장성長城처럼 그를 의지하였고, 재앙을 만나고 어려운 일에 얽혀 하소연할 데가 없는 사람은 목마른 사람이 물을 찾듯 그를 기다렸다.

권옥은 평소 한동네에 사는 황자용黃子容과 친하게 지냈다. 나중에 황자용 또한 빈곤해져서 홍주의 어머니 집에 더부살이를 하였다. 몇 년이 지나 어머니 집에서 잘 대우해 주지 않자, 황자용은 서울로 돌아가겠다고 말씀드렸다. 그는 서울로 돌아가는 길에 면천沔川을 지나다가 봉두난발에 때 묻은 얼굴을 하고 봇짐을 진 채 노래를 부르며 오는 권옥을 만났다. 권옥이 황자용을 한참 동안 쳐다보더니 말하였다.

"자네는 황 수재黃秀才가 아닌가. 여기는 어쩐 일인가?"

황자용 또한 놀라고 기뻐하며 권옥의 손을 잡고 그 이유를 하소연하였다. 권옥이 크게 통탄해하며 말하였다.

"떠돌아다닌 이후로 내가 길에서 죽으면 거두어 줄 사람이 없는 것을 늘 걱정하면서도 자네라면 거두어 주리라 생각하였다네. 이제야 자네를 다시 만났네그려."

권옥과 황자용은 함께 술집에 들어가 다리를 쭉 뻗고 술을 실컷 마시며 노래하다 울다 웃다 욕하다 하였다. 떠나려 할 때 권옥이 황자용에게 물었다.

"어디로 가려는가?"

"고향으로 돌아가려네."

"돈은 있는가?"

"없네."

권옥은 전대에 들어 있던 2500전을 모두 꺼내어 황자용에게 주었다. 황자용이 사양하자 권옥이 웃으며 말하였다.

"자네가 나를 염려하는가? 우리들이 먹고사는 것은 저 좀스러운 서생들과는 다르다네."

권옥은 황자용에게 돈을 다 주고 떠났다.

그 후로 황자용은 호서에 오면 종종 길에서 권옥을 만나곤 하였다. 한번은 권옥에게 조용히 말하였다.

"아깝다, 좋은 옥을 밭에 내버려 두다니. 행실을 고치고 벼슬을 구하면 그대의 재주는 쓸 만한데."

권옥은 아무 대꾸도 하지 않다가 길가에 서 있는 키 큰 전나무를 가리키며 말하였다.

"곧게 뻗었구나. 저 나무가 내 마음을 알리라."

"무슨 말인가?"

"만일 이 전나무를 작은 집 아래 옮겨 심는다면 줄기를 펼칠 수 없을 것이고 굽히려 하면 꺾일 걸세. 지금은 드넓은 들에 서 있으니 굽히거나 꺾일 걱정이 없으며, 오히려 비바람과 눈서리가 그 절개를 드러낼 수 있게 해 준다네. 장부라면 마땅히 이와 같아야 하지 않겠는가. 오늘날 벼슬하는 자들은 술과 고기와 여색을 구하는 것이네. 이런 것이라면 나는 이미 충분히 가지고 있으니 또 무얼 구하겠는가."

이로부터 5, 6년 뒤 권옥이 어느 고을에서 객사하였다. 죽은 날 부고를 하지 않았으나 모여든 사람이 1만여 명이나 되었다. 모두들 목이 쉬도록 통곡하며 지팡이를 들어 서쪽을 향해 초혼招魂하고 돈을 거둬서 염하고 장사 지냈다. 호서 사람 가운데 그의 무덤을 지나면서 눈물을 흘리고 탄식하지 않는 이가 없었다.

무오년1858, 철종9 겨울, 서울에서 지내던 어느 날 밤에 나는 황자용과 함께 호서의 인물을 논하였는데, 황자용이 권옥에 대해 자세하게 말해 주었다.

권옥은 신체가 건장하고 말에 거침이 없었다. 술을 잘 마셔

백 잔을 마셔도 흐트러지지 않고, 개 한 마리를 다 먹어도 배부른 줄 몰랐다. 시 짓기를 좋아하여 머무는 곳마다 시를 지었다. 앞서 이야기하였던 면천을 지나는 길에 황자용과 함께 지은 시 중에는 제법 기이한 구절이 있는데 칭찬할 만하다.

청산은 무명씨와 더불어 살기 좋고
백발은 유독 뜻있는 사람에게 많네
青山可與無名氏　白髮偏多有志人

당시 호서에 호걸이 8명 있었는데, 지역의 세력을 빙자하여 임협지사任俠之士로 이름은 났으나 의롭다는 명성은 권옥이 단연 최고였다. 황자용 또한 의를 좋아하고 남의 어려움을 기꺼이 도왔다. 황자용은 나의 오랜 친구로, 이름은 휴休이고, 자용은 그의 자字이다.

–『운양집 雲養集』 권7

조선 후기 충청도 지방에서 이름이 높았던 협객 권옥의 삶을 기록한 것이다. 글을 지은 김윤식金允植, 1835~1922은 친구 황휴에게 권옥의 이야기를 들었는데, 황휴는 권옥과 어렸을 때부터 친한 사이였다.

권옥은 서울 출신에다 조부가 승지를 지냈으니, 집안 사정이 그리 나쁘지는 않았다. 어릴 적부터 재주가 남달라서 일곱 살 때 지은 시구로 사람들을 놀라게 할 정도였다. 정상적인 교육을 받고 과거 준비를 착실히 하였다면, 벼슬에 나가 일반적인 사대부의 삶을 살 수 있었다. 그러나 권옥은 커 가면서 세상의 벽을 실감하였다. 당시는 세도 정치가 극에 달한 시기로 몇몇 가문이 중앙 관직을 독점했으며, 소위 금수저가 아니면 벼슬에 나가 자신의 뜻을 펼 수 없었다. 권옥은 가난한 친척과 벗에게 자신의 재산을 모두 빌려 주고 스스로 협객의 삶을 선택하였다. 권옥의 말을 빌리자면 '좀스러운 서생'의 길을 과감하게 거부하고, '드넓은 들판에 우뚝 서서 절개를 지키는 전나무'와 같은 길을 택한 것이다.

김윤식은 권옥의 의협심을 엿볼 수 있는 몇 가지 일화를 기록하였다. 저잣거리에서 농간을 부리는 상인이나 아전을 단속한 일, 남의 집 묘지를 강탈한 권세가를 혼내 준 일, 선비를 때려죽이고 뇌물을 써서 빠져나오려는 부자를 죽인 일 등이다. 권옥이 패거리를 데리고 가서 옥문을 부수고 선비의 아들들에게 복수하도록 하는 장면은 끔찍하기까지 하다. 아무리 의협심에서 벌인 일이라고는 하나 법을 무시하는 행동은 너무 지나친 듯하다.

권옥이 객사하였을 때, 그를 추모하기 위해 모인 사람이 1만여 명이 넘었다고 한다. 모두들 진심으로 그를 애도하며 장례를 치렀다. 권옥이 가난하고 약한 사람, 어려운 일을 당해 하소연할 데 없는 사람의 편에 섰기 때문이다. 오늘날의 시각에서는 권옥의 행동이 다소 과격하게 보일 수도 있다. 그러나 자기 자신을 위해서가 아니라 다른 이들의 어려움을 정의롭게 해결해 주었기 때문에, 당시 사람들이 권옥을 진정한 협객이라고 칭송한 것이다.

여행가 정란

鄭滄海傳

남경희

*"대장부로 태어나 우리나라 명산대천을
남김없이 유람한다면 그것으로 충분하다."*

창해선생滄海先生은 성이 정鄭이고 이름은 아무개이며 자字는 아무개이고 자호自號는 창해이다. '창해선생'은 나라의 아이들이나 하인들이 부르는 호칭이다.

선생의 선조는 동래東萊에서 나왔다. 동래 정씨는 우리나라의 뛰어난 가문으로 이름난 재상과 훌륭한 인물이 역사에 끊임없이 기록되었다. 선생의 위로 삼대는 덕을 숨기고 벼슬에 나가지 않았다. 이것이 선생의 가계家系이다.

선생은 용모가 마르고 특이하여 남들과 달랐다. 성격은 뻣뻣하고 두 다리를 쭉 펴고 앉기를 좋아하는 등 예법에 구속되지 않았다. 문예를 일찍 성취하였으나 머리를 굽히고 과거 공부하는 것을 기꺼워하지 않았다.

약관에 청천青泉 신유한申維翰, 1681~1752의 문하에서 공부하며 문장의 대지大旨를 깨쳤다. 그러다가 이렇게 탄식하였다.

"대장부가 조선 땅에 태어나 비록 사마천처럼 천하를 유람하지는 못하더라도, 우리나라의 명산대천을 남김없이 유람한다면 그것으로 충분하다."

그러고는 노새 한 마리를 마련하여 쓸쓸히 혼자 길을 떠났다. 우리나라의 명승과 기괴한 볼거리를 직접 다니면서 남김없이 관람하였다. 북으로는 백두산에 올라 세 개의 큰 강이 발원한 곳을 보았으며, 광활한 평원에 임하여 저 멀리 만리장성을 바라보았다. 남으로는 한라산 정상에 올라 저 멀리 오월吳越과 유구琉球까지 보았다. 이는 선생이 유람한 대략이다.

풍악산楓嶽山을 특히 좋아하여 네 차례나 비로봉 정상을 밟았다. 풍악산 화첩을 만들어서 완상하였는데, 최칠칠崔七七, 최북崔北이 그린 것이었다. 이 그림은 혜환惠寰 이용휴李用休, 1708~1782가 지은 찬贊, 표암豹菴 강세황姜世晃의 글씨와 함께 삼절三絶로 일컬어졌다.

한번은 풍악산에서 내려와 동쪽으로 이동하여 관동팔경을 두루 유람하였는데, 타고 다니던 노새가 삼척에서 병들어 죽고 말았다. 선생은 길옆에 노새를 묻고 글을 지어 제를 올렸다. 이에 사람들이 이곳을 청려동青驢洞이라 불렀다.

선생은 이름난 물건에 마음을 두었다. 법서法書와 명화名畵를 좋아하여 집안에 소장해 둔 것이 매우 많았다. 늘 가지고 다닌 것은 최북이 그린 「풍악도楓嶽圖」와 표암 강세황, 오로五露 이명기李命基가 그린 화첩 두 권이었다. 화첩에는 모두 선생의 진짜 모습이 들어 있다. 혹은 앉아 있고 혹은 서 있고 혹은 걸어가고 혹은 노새를 타고 홀로 가며, 혹은 외로운 배에 홀로 기대 있고 혹은 지팡이를 짚고 손가락으로 먼 곳을 가리키며, 혹은 갓을 벗고 두 다리를 쭉 뻗은 채 앉아 있었다. 면면이 다채로워 일일이 거론하기 어려울 정도인데 선생이 지닌 멋이 곡진하게 드러나 있다. 화첩을 다 보고 나면 선생의 낭랑한 음성만이 절절하여 사람들로 하여금 속세를 버리고 홀로 살며 조물주의 무리가 되고 싶게 하였다. 선생의 선생다운 까닭이 바로 여기에 있다 할 것이다.

선생은 속세의 선비들과 교유하는 것을 좋아하지 않았으며 부귀 따위는 전혀 숭상하는 바가 아니었다. 그러나 길에서 잠깐 만나 인사를 나누거나 무릎을 마주 대고 가까이서 대화를 나누는 사람들은 대개가 이름난 공경들이었다. 선생은 아마도 옛날에 이른바 헌자獻子의 집안을 의식하지 않은 사람•

• 헌자獻子의……사람 : 헌자는 노魯나라의 대부 맹헌자孟獻子로 악정구樂正裘 등 다섯 사람과 벗으로 지냈다. 이 다섯 사람은 헌자와 벗할 적에 그의 집안을 의식하지 않았으며 헌자도 자기 집안 세력을 의식하지 않고 이들과 교제하였다.

이 아니겠는가.

한번은 선생이 번암樊巖 채제공蔡濟恭, 1720~1799 상공을 알현한 적이 있다. 채 상공이 절을 하려고 하자 선생은 절을 하지 않고 읍揖만 하며 말하였다.

"어찌 절을 할 필요가 있겠습니까."

상공이 사례하며 말하였다.

"급장유汲長孺는 높은 벼슬에 있으면서 이렇게 하였는데,• 이는 벼슬하지 않은 창해선생을 제가 읍만 하고 절을 하지 않는 객으로 삼는 것보다 못합니다. 이제야 선생께서 재상인 저를 중하게 만들어 주심을 알겠습니다."

선생은 사람들과 사귈 때 부귀나 빈천 따위를 따지지 않고 오직 특출 나면서 속되지 않은 사람들만 사귀었다. 그러나 대부분의 세월을 황량하고 적막한 곳을 돌아다니며 지냈는데, 나 치암癡庵과는 사이가 좋았다.

치암은 말한다.

• 급장유汲長孺는……하였는데 : 급장유는 한나라 무제 때의 강직한 신하 급암汲黯이다. 장유는 그의 자이다. 권세가 대단한 대장군 위청衛青을 만났을 때 읍만 하고 절을 하지 않자, 어떤 사람이 그 이유를 물으니 "대장군에게 읍만 하고 절을 하지 않는 객이 있다면 그것이 오히려 대장군을 중하게 만들어 주는 것이 아니겠는가."라고 하였는데, 위청이 그 말을 듣고 급암을 더욱 어질게 여겼다고 한다. 여기서는 창해선생의 기개가 급암보다 더 대단하였음을 말한 것이다.

창해선생은 벼슬아치 가문에서 태어났으나 속박받지 않는 재주를 지녀 공명 따위에는 조금도 마음을 두지 않았다. 누가 선생처럼 할 수 있겠는가. 단지 이런 공명 따위를 기꺼워하지 않았을 뿐 아니라 조용하게 스스로를 세상 밖에 놓아두었다.

선생이 세상을 가벼이 보고 자신의 뜻을 자유로이 펼친 점은 노중련魯仲連과 비슷하고,• 활달하여 얽매이지 않음은 완보병阮步兵과 비슷하며,• 해진 솜옷을 입고도 부끄러워하지 않은 점은 혹 공자 문하의 유자儒者와 비슷하다.• 때때로 고금 인물의 성패와 득실을 논할 때면 강개하고 격렬하였으니, 또한 비가悲歌를 부른 연燕나라와 조趙나라의 선비•와 비슷하다 하겠다.

–『치암집 癡庵集』 권9

• 세상을……비슷하고 : 노중련魯仲連은 전국 시대 제齊나라 사람으로, 진秦나라 왕을 황제로 높이자는 신원연新垣衍의 제안을 받고 "내가 동해에 몸을 던져 죽을지언정 진나라의 백성이 될 수는 없다."라고 하였다.

• 활달하여……비슷하며 : 완 보병阮步兵은 진晉나라 완적阮籍이다. 보병도위步兵都尉를 지냈기에 완 보병이라 일컬었다. 죽림칠현竹林七賢의 한 사람으로 천성이 방달불기放達不羈하여 때로는 마음 내키는 대로 수레를 타고 가다가 길이 막히면 통곡하고 돌아왔다 한다.

• 해진……비슷하다 : 공자 문하의 유자儒者는 자로子路를 가리킨다. 공자는 자로를 칭찬하며 "해진 솜옷을 입고 여우나 담비 가죽으로 지은 옷을 입은 자와 함께 서 있어도 부끄러워하지 않을 자는 아마 자로일 것이다."라고 하였다.

• 비가悲歌를……선비 : 전국 시대의 자객 형가荊軻와 고점리高漸離를 말한다. 형가가 연燕나라 태자 단丹을 위해 진 시황을 죽이러 길을 떠날 때, 역수易水 가에서 친구 고점리의 축筑에 맞추어 비장한 노래를 부르자 사람들의 머리카락이 관冠을 향해 치솟았다고 한다.

정조 연간에 산수 유람에 미쳤던 선비 정란鄭瀾, 1725~1791의 전기이다. 정란은 애초부터 벼슬에 뜻을 두지 않고 전국을 유람하며 한평생을 마친 인물이다. 이 글을 지은 치암癡庵 남경희南景羲, 1748~1812는 정란과 일찍부터 교유하였던 까닭에 이 전을 지은 것으로 보인다. 남경희는 이 글뿐만 아니라 「정창해청려가鄭滄海青驢歌」를 짓기도 하였는데, 정란의 삶과 풍모에 상당히 감명을 받은 듯하다.

정란의 산수 유람과 관련해서는 여러 문인의 글과 화가의 그림이 남아 있다. 최북이 그린 「기려행려騎驢行旅」에는 청노새를 타고 산수를 노니는 정란의 모습이 담겨 있다. 이용휴는 최북이 그린 화첩을 보고 "오늘 금강산이 그대를 만나자 모든 바위와 골짜기가 반가운 얼굴을 하는구나!"라며 정란에게 찬사를 보냈다. 이 외에도 채제공, 성대중成大中, 1732~1809 등도 정란의 산행 화첩과 관련된 기록을 남겼다.

정란은 조선 시대 사대부들이 그러하듯이 경학과 문장을 공부하며 출사 준비를 하였다. 당시 경상도가 배출한 최고의 문사 신유한을 찾아가 공부하였다. 그러나 마음은 이미 출사에 뜻이 없었으며, 명산대천을 유람할 생각으로 가득 차 있었다. 20대 후반에 스승 신유한이 졸하자 정란은 공부를 그만두고 본격적으로 산수 유람에 나섰다.

정란의 산수 유람은 보통의 사대부와는 다르다. 대개 사대부는 젊은 날 과거 공부를 하는 여가에, 벼슬에 나갔다가 잠시 물러나 있을 때, 혹 지방관으로 갔을 때 산수를 유람하였다. 이는 심신의 휴식을 위한 일시적인 것이었다. 그러나 정란은 한평생을 오직 산수 유람으로 일관하였다. 또한 그가 유람한 곳은 명승지에 국한되지 않았다. 북쪽의 백두산부터 남쪽의 한라산까지 그의 발길이 닿지 않은 곳이 없을 정도였다. 정란은 쉰이 넘은 나이에 백두산과 한라산을 등반하였는데, 이는 그야말로 목숨을 거는 행위였다. 채제공이 정란을 두고 "천하 만물 어떠한 것도 그 즐거움과 바꿀 수 없다."라고 평했을 정도로, 정란은 산수 유람에 미친 사람이었다.

오늘날의 시각으로 보아도 처자식을 버리고 오직 산수 유람만 다니는 정란은 정상이 아니다. 하물며 조선 시대에는 어떠하였겠는가. 실제로 신국빈申國賓, 1724~1799은 정란에게 편지를 보내어, 사대부로서 여행에 탐닉하는 것은 옳지 않다며 학문의 길로 돌아오라고 충고하였다. 그러나 정란은 사대부가 가야 할 길로 돌아가지 않았다. 세속의 속박에서 벗어나 자유로이 살고 싶던 것이다.

골동품 수집광 김광수

尙古堂金氏傳

이덕수

*"물건의 고상함과 비속함을 잘 분간하였으며
진짜와 가짜를 즉시 판단하였다."*

상고당尙古堂 김씨金氏는 이름이 광수光遂이고 자字는 성중成仲이며 그 선조는 상주尙州 사람이다. 선조 중 대사헌을 지낸 김덕함金德諴은 광해군이 인목대비仁穆大妃를 폐위할 때 항의하다가 북쪽 변방으로 귀양을 갔다. 이 일로 문충공文忠公 백사白沙 이항복李恒福과 함께 절의지사節義之士로 일컬어졌다. 그 뒤로 삼대를 지나 김동필金東弼은 관직이 이조 판서에 이르고, 깨끗한 의론을 견지하여 한 시대의 명신이 되었다. 김군은 바로 이분의 둘째 아들이다.

김군은 타고난 성품이 고결하고 옛것을 좋아하였다. 일찍이 문징명文徵明의 「화씨전華氏傳」을 읽고 화씨의 행적이 자신과 상당히 비슷하다고 여겨 마침내 그의 호를 취하여 자신의 호로 삼았다.

김군은 부유한 집안에서 태어났지만 영리榮利에 급급하지 않았고 고결하여 속세를 벗어나려는 생각이 있었다. 사마시司馬試에 입격하였으나 벼슬살이가 험난하여 발 디딜 곳이 없는 것을 보고 마침내 과거 공부를 그만두려고 자신의 뜻을 아버지에게 말씀드렸다. 아버지는 그의 재능을 아까워하여 한참을 고민하다가 허락하였다.

"네 뜻대로 하거라. 너에게 과거 공부를 하라고 강요하지는 않겠다."

김군은 문을 닫아걸고 사람을 만나지 않은 채 오직 책상을 깨끗이 닦아 놓고 옛날의 서화書畫와 특이한 금석金石의 글을 가져다가 좌우에 죽 늘어놓았다. 단계端溪의 벼루•와 유미隃麋의 먹,• 다른 나라에서 생산되는 토끼털과 쥐 수염 등을 빠짐없이 구해 놓고 손으로 만지고 눈으로 보면서 즐겼다. 황홀하게 막 깨달음을 얻었을 때에는 마치 옛사람과 마주한 듯 하였다. 고기를 씹고 생선을 먹는 세속적인 일 따위로는 그의

• 단계端溪의 벼루 : 단계는 중국 광동성廣東省 조경시肇慶市의 영양협羚羊峽에 있는 계곡이다. 이 일대에서 채취한 돌로 만든 벼루와 인장이 유명하였다.

• 유미隃麋의 먹 : 유미는 중국 섬서성陝西省 천양千陽 동쪽에 있는 현縣이다. 먹의 생산지로 유명하였다.

마음을 끌 수 없었다.

이 때문에 인가에 소장된 물건 중에서 중국 것이든 우리나라 것이든 그가 보지 못한 것은 없었다. 또 그것들이 어디서 나왔는지, 고상한지 비속한지 잘 분간하였는데 반을 채 펼쳐 보지 않고도 진짜와 가짜를 즉시 판단하였다. 서화를 가지고 와서 김군에게 팔려는 자가 있을 경우 자신의 마음에 들면 입고 있던 옷까지 벗어 주고 곳간을 다 털더라도 아까워하지 않았다. 김군은 안목이 있어 소장한 것은 모두 최상의 물건이었다. 생계를 꾸리는 데에 서툰 데다 소장하고 싶은 것이 많아 집안 살림이 갈수록 어려워졌다. 종들이 점점 떠나고 가족들이 힘들다고 다그쳤으나 김군은 끝내 자신이 좋아하는 것을 바꾸지 않았다.

김군은 손님들과 고금의 명품에 대해 평하는 것을 좋아하였는데, 샘물이 솟듯 말이 술술 쏟아져 나왔다. 비록 해박하다고 이름난 자라 할지라도 미처 알지 못하는 것이 있었기 때문에 김군 앞에서는 거드름을 피울 수 없었다. 김군은 일찍이 이렇게 말한 적이 있다.

"세상 사람들이 모두 나를 버렸고 나 또한 세상에 바라는 것이 없다. 그러나 내가 고상한 기풍을 일으키고 태평성세를 장식해서 300년 조선을 위해 속된 것을 깨뜨린 일은 후세에 혹 알아줄 사람이 있을 것이다."

말은 이렇게 하였지만, 굴도屈到가 마름을 좋아하고• 자반子反이 술을 좋아하는 것•보다 더 명나라 사람의 사적事跡과 문장을 좋아하였다. 그가 지은 「자서自敍」와 「논삼교서論三敎書」는 문장이 매우 기이하고 호탕한데, 모두 명나라 문인의 문투가 배어 있었다.

한번은 내가 상고당에게 이렇게 말한 적이 있다.

"그대는 옛것을 숭상한다고 하였다. 당송唐宋은 명나라보다 옛날이고, 한위漢魏는 당송보다 더 옛날이고, 삼대三代는 한위보다 더 옛날이다. 그대는 지금 삼대와 한위, 당송을 버리고 명나라 사적을 즐겨 이야기하며 명나라 글을 즐겨 읽는다. 이러하니 옛것을 숭상한다고 할 만한 점이 어디에 있단 말인가?"

상고당이 대답하였다.

"나는 우리나라의 풍속이 천박해서 싫고, 우리나라의 문장이 진부해서 싫고, 우리나라의 학문이 조잡해서 싫소. 그래서 옛것으로 돌아가려 하였는데, 삼대는 고증할 수 없고, 한위는 고증할 수 있으나 소략하다오. 당은 한위보다 자세하고, 송은

- 굴도屈到가 마름을 좋아하고 : 굴도는 춘추 시대 초楚나라 사람이다. 마름을 매우 좋아하여 자신이 죽으면 제사에 꼭 마름을 쓰라고 유언했다고 한다.
- 자반子反이……것 : 자반은 춘추 시대 초나라 장수이다. 술을 매우 좋아하였는데, 초왕이 전략을 상의하려고 자반을 불렀으나 술에 크게 취하여 가지 않았다고 한다.

당보다 더 자세하지만 여전히 갖추어지지 않은 것이 있다오. 명나라는 시대가 가깝고 문헌이 잘 갖추어져 있어 내가 명나라를 숭상하는 것이오.

대개 중국 사람들은 치밀하지 않으면 호방하여 우리나라처럼 천박하지 않고, 중국 문장은 간결하지 않으면 웅장하여 우리나라처럼 진부하지 않소. 중국 학문은 주자, 육상산陸象山, 석씨, 노자 등의 학문을 각자의 지향에 따라 숭상하여 용맹스럽게 나아가기 때문에 깊은 경지에 다다르고 자득한 것이 많다오. 우리나라처럼 입으로는 정주程朱를 말하면서 마음은 거간꾼에 있는 것과는 다르오. 나는 명나라를 숭상하는 것이 아니라, 중국을 숭상하는 것이오. 지금 명나라 사람의 글을 보고 사적을 완미해 보면, 마치 아침저녁으로 함께 생활하며 담소를 나누는 것과 같아 퍽 맛이 있소. 무엇 때문에 다시 삼대, 한위, 당송 및 명나라를 구분하겠소?"

내가 상고당에게 사과하였다.

"그대의 말이 참으로 좋아 세상을 깨우칠 만하다. 그러나 옛것을 숭상하면서 가까운 명나라를 선택했으니, 그대의 말이 비록 달변이기는 하나 잘못된 점이 없지 않다."

신유년1741, 영조17 8월에 내가 탄핵을 받아 빈양濱陽, 경기 양근의 상촌觴村으로 돌아갔다. 그때 상고당이 조그만 배를 타고 물길을 거슬러 올라와 언송암偃松菴에 있는 나를 찾아왔다. 하룻밤을 머물면서 촛불을 밝혀 놓고 손뼉을 치며 삼교三敎를 담론하고 명나라 문장까지 이야기하였다. 상고당이 나에게 말하였다.

"나는 그대보다 나이가 적으니 필시 그대보다 뒤에 죽을 것이외다. 그러면 나의 생애에 대해 글을 써 주지 못할 것이오. 나를 위해 미리 전기를 써서 후세 사람들에게 내가 있었다는 사실을 알게 하기를 바라오."

상고당이 명나라 사람을 좋아하는 것이 이때에 이르러 더욱 독실하였다. 살아 있는 사람을 위해 전기를 쓰는 일은 옛날에는 거의 없었고, 비록 있더라도 드물었다. 왕세정王世貞을 비롯한 명나라 문인에 이르러 이것이 비로소 성행하게 되었다. 상고당은 이를 본받아 그런 생각을 한 듯하다. 이에 글을 지어 「상고당김씨전尙古堂金氏傳」으로 삼는다.

외사씨外史氏는 말한다.

상고당 김군은 「자서」에서 다음과 같이 말하였다.

"상고당은 집안이 비록 가난하지만 사람을 구제하고 남을 이롭게 하는 것을 잊지 않았다. 그러나 일마다 반드시 혼자만의 생각으로 외롭게 실행하였고, 자잘한 행실을 점검하지 않아 종종 겉치레를 일삼는 사람들에게 비난을 받았다. 그의 단점이 바로 여기에 있다."

그가 단점이라 한 것을 나는 장점이라 생각한다. 또 그가 명나라 문장을 좋아하는 것을 사람들이 대부분 병통으로 여기듯 나 역시 병통으로 생각한다. 그러나 상고당은 세속 사람들처럼 명나라 문인들이 남겨 놓은 기름이나 향기를 온통 훔친 것은 아니었으며, 타고난 마음과 품성이 마침 명나라 문장과 합치되는 점이 있어 그렇게 했던 것이다. 그러고 보면 그의 병통 또한 병통이 아니다.

단점이라 한 것이 단점이 되지 않고, 병통이라 한 것이 병통이 되지 않는 것은 상고당뿐이리라.

–『서당사재 西堂私載』 권4

조선 후기 서화書畫, 골동骨董의 감식가이자 소장가인 김광수1699~1770의 전기이다. 대개 전은 입전 인물이 죽은 뒤에 짓는다. 그런데 이 글은 이덕수李德壽, 1673~1744가 김광수의 부탁을 받아 생전에 지었다. 살아 있는 사람을 위해 전기를 짓는 것은 명나라 때부터 유행하였다. 김광수는 명나라 문인을 매우 좋아하였기 때문에 생전에 자신의 전기를 지어 달라고 부탁한 것이다. 사실 김광수는 이덕수에게 부탁하기 전에 이미 자신의 전기를 지은 바 있다. 자기 삶에 대한 애착, 지우知友에 대한 갈망, 그리고 훗날 자신의 전기를 읽고 자기 존재를 알아주었으면 하는 바람 등이 작용한 것으로 보인다.

김광수는 일반적인 사대부와 다른 삶을 살았다. 그는 경화세족의 명문가 출신으로, 이조 판서를 지낸 김동필의 둘째 아들이다. 형과 남동생은 모두 벼슬에 나가 관직을 역임하였다. 그러나 김광수는 사마시에 입격하였는데도 벼슬살이가 험난한 것을 보고 출사를 접었다. 이러한 결심을 아버지에게 말하는 것이 젊은 김광수로서는 대단히 어려웠을 것이다. 이는 사대부로서의 길을 포기하는 것이기 때문이다.

조선 시대 사대부는 출사를 하지 않으면 독서를 소임으로 삼았다. 독서를 하며 학문을 연마하고 그 여가에 문장을 지었다. 김광수의 경우 독서를 하기는 하였으나 그 범위가 경사經史가 아닌 명나라 문인의 글에 집중되어 있었다. 자신의 당호堂號를 '상고尙古'라 한 까닭도 명나라 문인 문징명의 「화상고소전華尙古小傳」에 나오는 상고 화정華珵의 행적에 동질감을 느꼈기 때문이다.

더욱이 김광수가 몰두한 것은 오직 골동품 수집과 감상이었다. 중국 것이든 우리나라 것이든 서화와 금석 등 명품이라면 입고 있던 옷을 내주고라도 구입하여 소장하였다. 이러한 노력 끝에 김광수는 골동품 소장가이자 최고의 감식가라는 명성을 얻었다. 물론 서화와 금석 따위를 수집하고 감상하는 것은 사대부들의 고상한 취미 중 하나였다. 특히 18세기 이후에는 중국에서 문물이 많이 들어오고 조선에서도 뛰어난 서화가 창작되면서 유행처럼 번졌다. 그러나 골동품 수집과 감상을 김광수처럼 취미가 아닌 전문적인 업으로 택한 사람은 거의 없었다. 이러한 행위는 김광수가 「자서」에서 스스로 말한 것과 같이 당시 사람들에게 비난을 받았다. 이는 김광수가 사대부로서 누구도 가지 않은 길을 홀로 갔기 때문이리라.

4부

경계인으로 살다

경계인 이화암 노승

梨花庵老僧傳

정범조

"호랑이도 무서워하지 않는 기세를 지니고도
고향에 대한 그리움에 무릎을 꿇었다."

스님은 환주歡州, 충남 천안 사람인데 집안은 대대로 고을의 아전을 지냈다.

병자년1636, 인조14에 청나라 오랑캐가 도성을 침략하고 남한산성을 포위하였다. 군사를 풀어 사방을 노략질하여 많은 사람을 포로로 잡아갔다. 스님은 열일곱 살에 포로로 잡혀 심양瀋陽으로 끌려가 청나라 군대에 병졸로 배치되었다. 포로로 잡혀온 조선 사람은 모두 노비 취급을 당하였다.

하루는 오랑캐의 우두머리가 군사들에게 명하여 씨름 대회를 열었다. 군사 중에 세 명이 유독 용맹하고 씩씩하며 씨름을 잘해서 대적할 자가 없었다. 스님이 그들과 맞붙어 세

명을 연달아 쓰러뜨렸다. 우두머리가 스님에게 좋은 말을 상으로 주어 타고 다니게 하였다.

큰 눈이 내리는 날 의무려산醫巫閭山으로 사냥을 나갔다. 사나운 호랑이가 날뛰는데 아무도 다가가지 못하였다. 이때 스님이 말을 내달려 화살 한 발로 호랑이를 쓰러뜨렸다. 우두머리가 깜짝 놀라며 그 자리에서 스님을 대장으로 승진시켰다.

오랑캐 우두머리는 날이 갈수록 스님을 가까이 두고 아끼며 심양의 부유한 집안 딸에게 장가들게 해 주었다. 스님은 재물을 많이 모았고 스스로를 자랑스럽게 여겼다. 날마다 말을 타고 영탑寧塔과 낭산狼山 일대에서 사냥하며 만족스러운 생활을 하였다.

세월이 지나 청나라 순치제順治帝가 연경燕京을 차지하게 되었다. 순치제는 심양에 포로로 억류되어 있던 우리나라 사람들에게 돈을 받고 고국으로 돌려보내 주었다. 스님은 고국이 그리워 처자식을 내팽개치고 우리나라로 돌아왔다.

고향인 환주에 도착하여 생업에 종사하려고 하는데 가까운 사람들이 모두 뿔뿔이 흩어져 의지할 곳이 없었다. 도필刀筆•을 잡고 아전 노릇을 하였지만 마음은 즐겁지 않았다. 마

• 도필刀筆 : 대쪽에 글씨를 쓰는 붓과 잘못된 글자를 깎아 내는 데 쓰는 칼이다. 낮은 관리나 아전을 의미한다.

침 고을 수령이 스님에게 조운선漕運船을 이끌고 도성으로 가라고 명하였다. 스님 일행은 한강 나루에 도착하여 예쁘게 꾸민 기생들과 노래 잘하는 광대들을 끼고 술판을 벌였다. 술자리가 무르익자 스님은 거문고를 반주 삼아 유장한 노래를 부르게 하고, 그 자리에서 조운선에 싣고 온 쌀 수백 섬을 즐겁게 놀아 준 대가로 지불하였다.

스님은 법대로 처벌받으면 사형을 면할 수 없다는 생각이 들어 밤중에 달아나 가야산으로 갔다. 그곳에 있는 절의 중을 협박하여 머리를 깎고 곧바로 중이 되었다.

이때부터 바리때와 석장錫杖을 손에 들고 우리나라의 명산을 두루 돌아다녔다. 한라산과 백두산에 오르고 묘향산, 지리산, 금강산, 속리산 등을 두루 돌아다니다가 싫증이 나면 절로 돌아왔다. 이화암梨花庵에 이르러 장차 그곳에 뼈를 묻고자 하였다.

해좌생海左生은 말한다.

스님은 기이한 사내이다. 어린 나이에 포로로 붙잡혀 오랑캐 땅으로 압송되었는데, 능히 용기와 역량을 드러내어 군대에서 뛰어난 행적을 발휘하였다. 적절한 때를 만나 적극적으로 나아갔다면 곧바로 부귀에 이를 수 있었을 것이다. 그러나 부모의 나라를 떠나 오랑캐 땅에서 사는 것을 견딜 수 없어서 맨발로 고국으로 돌아왔다. 그의 의지가 기이하다.

호랑이도 무서워하지 않는 기세를 지니고도 고향에 대한 그리움에 무릎을 꿇었으니 호걸로 자처한 것은 아니다. 기생을 끼고 술 마시며 노래하였으나, 어찌 여색에 진정 미련을 두었던 것이겠는가. 아마도 울적하고 답답한 마음을 조금이나마 풀어 버리고 싶어서 그리했으리라. 그의 기질이 기이하다.

법을 어겨 마땅히 사형에 처해져야 하지만, 북쪽 오랑캐 땅으로 달아나지 않고 남쪽 깊은 산속으로 달아나 불문佛門에 귀의하여 목석木石과 함께 자취를 감춰 버렸다. 그의 행적이 기이하다.

이렇듯 세 번이나 굴곡진 삶을 살았는데 갈수록 행적이 더 기이하다. 이 때문에 스님의 삶을 그냥 묻어 버리지 못하고 세상에 전하는 것이다.

선배 최두기崔杜機 어른의 말에 따르면, 선배가 젊었을 때 이화암에 놀러갔다가 스님을 만났는데 당시 나이가 아흔다섯이었다고 한다. 스님은 체구가 건장하고 이글거리는 두 눈동자로 사람을 쏘아보았다. 때로 목청을 돋우어 노래를 부르면 메아리가 온 산을 진동하였다. 그래서 행적의 전말을 캐물어 「이화암노승시梨花庵老僧詩」를 지었다고 한다. 선배가 지은 시는 세상에 널리 퍼져 있다. 어른의 이름은 성대成大이고 자호가 두기인데 군자다운 사람이다. 스님의 성과 이름은 기록하지 않았으니 아마도 시에서 일부러 감춘 것이리라.

–『해좌집 海左集』 권39

병자호란 때 청나라에 포로로 끌려갔다가 조선으로 돌아와 중으로 생을 마감한 어느 노승老僧의 전기이다. 이 글을 지은 해좌 정범조丁範祖, 1723~1801는 최성대1691~1762가 지은 「이화암노승행梨花庵老僧行」을 통해 이 노승을 알게 된 듯하다. 최성대는 젊었을 때 이화암에 놀러갔다가 아흔 살이 넘은 노승을 만났고, 그로부터 인생 역정을 듣고 시를 지었다. 최성대는 일부러 이 노승의 성명을 밝히지 않았다. 노승이 청나라에서 벼슬을 하였고 조선으로 돌아와 아전으로 있을 때 죄를 지은 경력이 있기 때문이다.

정범조는 이 노승의 의지가 기이하고 기질이 기이하며, 행적이 기이하기 때문에 전을 지어 세상에 전할 수밖에 없다고 하였다. 정범조가 말한 대로 노승은 세 번의 굴곡진 삶을 살았다. 첫 번째는 병자호란 때 청나라로 끌려가 포로 생활을 한 것이고, 두 번째는 조선으로 돌아와 아전 생활을 한 것이며, 세 번째는 머리를 깎고 중이 된 것이다. 조선 역사에서 이 노승처럼 파란만장한 삶을 살았던 인물이 또 있을까 싶다.

노승은 어린 나이에 청나라에 포로로 끌려가 온갖 고생을 하였다. 그러나 용기와 역량을 발휘하여 청나라에서 벼슬도 하고 가정도 꾸렸다. 만약 조선에 있었다면 그저 조그마한 고을의 아전 정도로 살았을 것이다. 그런데도 노승은 가족과 사회적 지위를 모두 버리고 조선으로 돌아왔다. 그가 청나라 생활에 나름 만족하였던 것을 보면, 조선으로 돌아온 이유가 오랑캐 나라에서는 살 수 없다는 춘추대의春秋大義 때문만은 아니었다. 타향살이가 낯설고 고향이 그리웠던 것이다.

노승은 고향으로 돌아왔으나 조선에서도 결국 경계인으로 살 수밖에 없었다. 친척과 지인은 모두 흩어져 버렸고, 사회적 지위 역시 청나라보다 못하였다. 청나라에 두고 온 가족들과 그곳에서의 생활이 오히려 그리웠을 것이다. 아전 노릇을 하며 방탕한 생활을 한 것도 이러한 울적함 때문이었다. 청나라에서도 조선에서도 경계인으로 살 수밖에 없는 그가 택할 수 있는 길은 무엇이었을까. 그는 결국 중이 되어 평범하게 사는 길을 스스로 버렸다.

이 글은 홍세태洪世泰, 1653~1725가 지은 「김영철전金英哲傳」과 여러 모로 닮았다. 김영철은 1618년광해군10 열아홉에 후금後金 정벌을 위해 징집되어 강홍립姜弘立 장군을 따라 심하深河 전투에 참여하였다. 그러나 대패하여 포로가 되었다가 명나라로 탈출하여 10여 년을 살다 고국으로 돌아왔다. 김영철은 후금과 명나라에서 각각 혼인을 하여 가족을 두었는데, 고국으로 돌아온 뒤 이들을 늘 그리워하였다. 또한 중국어와 만주어를 안다는 이유로 청나라가 명나라를 공격할 때 조선군의 일원으로 계속 징병되었고, 쉰아홉의 노령이 되어서까지 산성을 지키는 수졸 생활을 하였다.

노승이나 김영철은 모두 전쟁으로 인해 삶의 터전을 잃고 강제로 이주한 사람들이다. 이들은 중국에서도 조선에서도 소속감을 갖지 못한 채 경계인으로서의 삶을 살 수밖에 없었으리라.

전쟁 포로 조완벽

趙完壁傳

정사신

"나는 조선 사람인데 왜놈의 포로가 되었소.
하루빨리 고국으로 돌아가고 싶소."

조완벽趙完壁은 경상도 진주晉州의 사족士族 출신으로, 장령掌令을 지낸 하진보河晉寶, 1530~1585의 종손녀 사위이다. 정유재란 때 왜군에게 포로로 잡혀 일본으로 끌려갔다. 그곳에서 사환使喚으로 일하였는데, 우리나라의 노비와 같은 것이다.

안남국安南國, 베트남에 가서 장사를 하여 큰 이익을 얻고자 하는 왜인은, 반드시 중국의 절강浙江 사람 중에 바다에 익숙하여 풍향을 잘 아는 사람과 글을 알아 의사소통할 수 있는 사람을 구해서 함께 배에 태우고 출항하였다. 조완벽의 주인은 풍향을 아는 사람은 구했으나 글을 아는 사람을 미처 구하지 못하여 안남국에서 의사소통이 안 될까 걱정하였다.

조완벽은 진주에 있을 때 글을 배워 거칠게나마 문리를 알고 있었다. 주인은 조완벽에게 함께 가자고 하면서 각서를 작성하여 약조하였다.

"안남국에 다녀온 뒤에는 영원히 방면해 줄 터이니, 네가 가고 싶은 데로 가도 좋다."

조완벽은 고국으로 돌아가고 싶은 마음이 간절하여 죽음을 무릅쓰고 따라가기로 하였다. 그는 풍향을 관찰하는 절강 사람과 함께 배를 타고 안남국으로 향하였다. 안남국까지 해로海路로 몇천 리나 되는지 알 수 없었으며, 망망대해에 배를 댈 만한 섬도 전혀 없었다.

절강 사람은 배 위에서 바람을 관측하는 오량선五緉扇과 방위를 판별하는 일영대日影臺를 항시 지니고 있었으며, 밤에는 별자리를 보아 방위를 분간하였다. 그 사람은 어느 방향이 어떤 나라로 가는 길인지, 이를테면 운남雲南, 민절閩浙, 영파寧波, 일본, 남만南蠻, 조선, 탐라耽羅 등지까지 손바닥 들여다보듯 훤히 알았다.

또 바다 밑의 흙 색깔을 살펴보고 어느 지방인지 알아내었다. 항상 긴 밧줄에 철추를 매달고 그 밑에 밥을 으깨 붙여서 바다 밑으로 내려보냈는데, 더러는 곧장 3, 4백 발 정도까지 내려가기도 하였다. 철추 아래 묻어 나오는 흙은 혹은 검고 혹은 희었는데, 흙 색깔로 어느 지방인지 분별하였다.

바다의 색깔은 푸르기도 하고 희기도 하며, 핏빛처럼 붉기도 하고 먹물처럼 검기도 한데, 검은 곳이 가장 나쁘다고 하였다. 만약 바다 괴물을 만나면 유밀과油蜜果와 국수, 떡 등으로 제를 지내고 바다에 던져야 배가 전복되는 것을 면한다고 하였다. 어떤 곳에 이르렀는데 절강 사람이 이상하다며 고개를 갸웃거렸다. 의아해하는 사이 배가 막 그곳을 지나는데 갑자기 파도 위로 여자 모습의 괴물 형상이 나타났다. 절강 사람이 크게 놀라 즉시 제물을 차리고 기도를 올렸다. 그랬더니 괴물이 곧 사라져 화를 면하였다. 예로부터 전하는 말에 이 괴물은 한漢나라 때 물에 빠져 죽은 귀신이라고 하였다.

바다를 가로지르며 하늘로 물을 내뿜는 큰 고래를 보면, 즉시 닻을 내려 배를 멈추고 고래가 물 뿜기를 그친 후에 통과하였다. 절강 사람은 이 정도는 어려운 일이 아니라고 하였다. 만약 용이 다가오면 물을 한 길 정도 뿜어서 뱃사람들이 놀라 넋을 잃는다는 것이다. 남방의 바다에는 늘 안개가 끼고 비가 오기 때문에 바닷속에 큰 용이 많다고 하였다. 바닷속에 있는 용은 반드시 어떤 물건 위에 제 몸뚱이를 걸친 연후라야 구름을 얻어 변신하고 하늘로 오른다고 하였다. 용이 배 위에 몸뚱이를 걸치면 배가 전복될 수밖에 없어 뱃사람들은 용이 다가오는 것을 보면 기겁하여 얼굴이 하얗게 질린다고 하였다.

용을 달래는 방법은 살아 있는 닭 5, 60마리를 불에 태워 냄새를 풍기며 뱃머리에서 잘게 부수어 바다로 던져야 한다고 하였다. 이렇게 해야 용이 바닷속으로 물러가고 화를 면할 수 있다는 것이다. 그래서 항상 배에 닭 수백 마리를 싣고 항해하였다. 조완벽은 안남국을 두 번 왕래하는 동안 청룡을 한 번 만났다. 비늘을 번쩍거리며 꿈틀꿈틀 다가올 때 제를 올려 달래서 보냈다.

배로 50여 일을 항해하여 안남국에 도착하였다. 안남국 사람들은 모두 머리를 풀어 늘어뜨리고 맨발로 다녔다. 이 나라는 땅에 진흙이나 자갈이 없고 부드러운 흰모래로 덮여 있었다. 겨울에도 봄처럼 따뜻해서 맨발로 다녀도 발에 상처가 나지 않았다.

이 나라 남자들은 처첩을 많이 거느렸는데, 부유한 자들은 수십 명에 이르기도 하였다. 매년 초봄에 남편이 처첩들에게 금과 은 약간 냥을 나누어 주고 장사 밑천으로 쓰도록 하였다. 처첩들은 금과 은을 가지고 1년 내내 물건을 사고팔았다. 외국에서 상선이 들어왔다는 소식을 들으면, 높은 벼슬아치의 처첩들까지 모두 가마를 타고 온 집안의 자녀와 식솔을 이끌고 와서 줄지어 앉았다. 처첩들이 왜인들과 값을 흥정하면서 더러는 처녀를 보여 주고 선물을 요구하기도 하였다. 이들이 출입할 때는 앞뒤로 호종하는 사람이 많아 매우 성대하였다.

이 나라 곳곳에서 지봉芝峯 이수광李睟光의 시를 애송하였다. 어떤 선비가 조완벽에게 물었다.

"당신은 어느 나라 사람이오?"

"나는 조선 사람인데 왜놈에게 포로로 잡혀 종처럼 지내다가 여기까지 오게 되었소."

"당신이 조선 사람이라면, 동국의 이지봉을 아시오?"

조완벽은 이전에 들어 본 적이 없어서 모른다고 사실대로 대답하였다. 그 선비가 다시 물었다.

"이지봉은 당신네 나라의 문장가인데, 어째서 모른단 말이오?"

그러고는 지봉의 시를 암송하였다.

중역에 의존하여 황제를 배알하였네
한나라 때 봉하여 새로 구리 기둥 세운 나라요
주나라에 공물을 바친 옛 월상국이로다
산은 기이한 형상으로 솟아 호골이 많이 나고
땅은 영기가 피어오르니 용향이 생산되네•

• 중역에……생산되네 : 이수광의 『지봉집』 권8에 수록된 「증안남국사신贈安南國使臣」 2수 가운데 첫 번째 수의 2구부터 6구까지이다. 이수광은 1597년 명나라에 사신으로 갔다가 그곳에서 안남, 유구琉球 등의 사신을 만나 서로 시를 주고받았다.

遠憑重譯謁君王
提封漢代新銅柱　貢獻周家舊越裳
山出異形饒虎骨　地蒸靈氣産龍香

첫 구절과 마지막 두 구절은 전송傳誦해 주지 않았다. 아마도 조완벽이 글을 잘 알지 못하여 듣고도 정확하게 전송하지 못한 것이 아닐까. 또 '상아가 많이 난다.饒象骨'의 '상象' 자를 '호虎' 자로 바꾸어 외웠으니, 이 또한 전송하는 과정에서 잘못된 듯하다.

이 나라는 문풍이 성대하여 집집마다 글 읽는 소리가 끊이지 않았다. 향거鄕擧는 우리나라의 향시鄕試와 같이 지방에서 선발하여 서울로 올려보내는 것이라 하였다. 또한 사람들은 겉으로는 온순해 보여도 속은 교활하고 탐욕스러웠다. 그들이 조완벽에게 자기 나라에 도망쳐 있으면 중국을 통해 조선으로 돌아가게 해 주겠다고 권하였으나, 속임수가 많고 미덥지 않아 끝내 그들의 말대로 하지 않았다고 한다.

조완벽이 일본으로 돌아온 뒤 주인은 맹세를 어기고 그를 풀어 주지 않았다. 또다시 안남국으로 가기를 강요하여 재차 각서를 작성하였다. 어쩔 수 없이 다시 안남국에 갔다 왔는데 이번에도 주인이 풀어 주지 않으려 하였다. 그러자 이웃 사람들이 나서서 두 번이나 신의를 저버리는 것은 상서롭지 못하다며 비난하였다. 주인은 마지못해 조완벽을 풀어 주었다. 마침내 조완벽은 자유의 몸이 되어 돈을 모아 고국의 고향으로 돌아왔다. 그의 어머니와 아내는 모두 별 탈 없이 지내고 있었다. 조완벽은 비로소 안정을 찾고 생업을 정해 살고 있다.

이 일은 직장直長인 이정而靜 김윤안金允安, 1562~1620이 이야기해 준 것이다.

–『매창집 梅窓集』 권4

정유재란 때 일본에 포로로 잡혀갔다가 돌아온 조완벽의 이야기이다. 정사신鄭士信, 1558~1619은 김윤안의 이야기를 듣고 이 전을 지었다고 하였다. 정사신 외에 지봉芝峯 이수광李睟光, 1563~1628도 「조완벽전」을 지었으며 이준李埈, 1560~1635은 「기조완벽견문記趙完璧見聞」을 남겼다.

조완벽의 가계는 자세히 알려진 바가 없다. 정사신이 지은 「조완벽전」에 기록된 '진주 출신의 사족으로 하진보의 종손녀 사위'라는 단서로 찾아보면, 조완벽은 임천 조씨林川趙氏로, 조광후趙光珝의 둘째 아들이다. 정유재란 당시 많은 사람이 일본에 포로로 잡혀갔는데, 조완벽을 비롯하여 정창세鄭昌世, 강사준姜士俊, 하대인河大仁 등 진주의 명문가 자식들도 많았다. 1718년숙종44 일본에 사신으로 갔던 신유한申維翰의 기록에 따르면, 포로로 끌려온 진주 출신의 조선인들은 한 지역에 모여 살았는데 이를 '진주도晉州島'라 불렀다고 한다.

『간양록看羊錄』을 지은 강항姜沆, 1567~1618 역시 진주 출신이다. 강항은 정유재란 때 의병 활동을 하다가 가족과 함께 포로가 되어 일본으로 끌려갔다. 그는 포로가 되기 전 문과에 급제하여 공조와 형조의 좌랑을 역임하는 등 학식을 갖춘 관료였다. 일본에서도 지식인으로 대우받아 일본 학자들과 학문적으로 교유하였으며, 그들의 도움으로 1600년에 풀려나 가족들과 함께 귀국할 수 있었다.

조완벽은 문신은 아니나 거칠게나마 문리를 알고 있었다. 그래서 일본 국제 무역상의 심부름꾼으로 들어가 베트남을 두 차례나 왕래하는 특이한 경험을 하였다. 일본 상인들은 베트남과 무역을 할 때 필담을 나누며 의사소통할 수 있는 사람이 필요하였는데 조완벽은 한문을 알았기 때문에 선발된 것이다. 어린 나이에 포로로 잡혀가 왕복 3개월이 넘는 뱃길에 오르는 것은 두려운 일이었다. 조완벽이 목숨을 걸고 위험한 뱃길을 따라나선 이유는 고향으로 돌아갈 수 있다는 희망 때문이었다.

경섬慶暹, 1562~1620의 『해사록海槎錄』에 따르면, 1607년 7월 조완벽은 회답 겸 쇄환사回答兼刷還使로 일본에 파견된 여우길呂祐吉, 1567~1632 일행을 찾아가 귀환 의사를 밝혔다. 여우길은 조완벽이 믿을 만한 인물이라 여겨 포로를 모집하는 일을 맡겼다. 조완벽은 10년간의 포로 생활을 마치고 1400여 명의 포로들과 함께 조선으로 돌아오게 되었다.

정사신이 지은 이 글을 비롯하여 이수광과 이준의 글에는 조완벽이 베트남으로 가는 길에 겪었던 특이한 일, 베트남의 풍속, 이수광의 시가 베트남까지 전해진 사실 등이 자세히 기록되어 있다. 그러나 조완벽이 포로가 되는 과정이나 조선으로 돌아오게 되는 과정, 특히 경계인으로 살 수밖에 없었던 일본에서의 고통스러운 삶은 거의 서술되어 있지 않아 아쉽다.

귀화인 김충선
金忠善傳

이의숙

*"조선에 가서 예악 문물을 보게 된다면
이 또한 나의 소원을 이루는 것이다."*

김충선金忠善은 일본 사람이다. 본래 이름은 사야가沙也可이다. 우리나라로 귀화하자 선조宣祖께서 '김충선'이라는 성명을 하사하였다. 김충선이 죽은 뒤 100여 년이 지났는데도 영남 사람들은 그의 공덕을 기리는 사당을 세워 지금까지도 제사를 올리고 있다.

김충선은 어려서부터 옛 성현의 글을 즐겨 읽었으며, 남몰래 마음속으로 중화中華를 흠모하였다. 그러나 바다 밖 오랑캐의 땅에서 태어나 성대한 예악 문물을 볼 수 없다며 홀로 울적해하였다. 관직을 받아 소윤 정少尹正에 이르렀으나 이 역시 바라는 바는 아니었다.

임진년1592, 선조25에 일본 관백關伯 풍신수길豊臣秀吉이 가등청정加藤淸正을 원수로 임명하고, 크게 군사를 일으켜 조선을 침략하였다. 군사가 수십만 명에 이르렀으며, 배가 바다를 가득 덮어 1000리까지 이어졌다. 가등청정은 일찍부터 김충선의 용맹과 지략이 남보다 뛰어난 것을 알고 있었다. 그는 김충선을 우선봉장右先鋒將에 임명하고, 정예병 3000명을 선발하여 김충선에게 배속시켰다. 이때 김충선의 나이 스물둘이었다. 김충선은 강개한 마음으로 이렇게 생각하였다.

'조선은 예의지국으로 소중화小中華라 일컬어지는 나라이다. 지금 출정하는 것은 명분이 없으며, 한낱 이웃 나라를 재앙에 빠뜨리려고 하는 것이니 죽음이 있을 뿐이다. 잘못된 명을 따라야 한단 말인가.'

그러다가 다시 속으로 말하였다.

'조선에 가서 예악 문물을 보게 된다면 이 또한 나의 소원을 이루는 것이다.'

그는 명을 따르겠다고 마지못해 승낙하고, 병사를 이끌고 먼저 조선에 당도하였다. 해안에 상륙하여 비로소 조선 백성의 의관과 문물을 보고는 크게 기뻐하였다.

"내가 살 곳을 찾았도다. 어찌 인의의 풍속이 넘치는 이곳에서 차마 전쟁을 벌일 수 있단 말인가."

그는 즉시 글을 지어 조선 백성을 설득하였다.

"나는 평소 조선을 흠모해 온 사람으로, 너희 나라를 공격할 생각이 없으며 너희를 괴롭힐 생각도 없다. 그대들은 안심하고 각자 생업에 종사할 것이며, 혹여 나를 피해 달아나 숨지 마라. 만약 내 병사 중에 한 사람이라도 너희에게 해를 끼치는 자가 있다면, 내가 그놈의 목을 베어 부족하나마 너희에게 용서를 구할 것이다."

백성들은 김충선의 말을 믿고 평소처럼 농사를 짓고 장사를 하였다.

김충선은 조선에 귀화해야겠다는 결심을 더욱 굳혔다. 먼저 경상좌도 병마절도사 박진朴晉, ?~1597•에게 편지를 보내어 귀화하겠다는 약조를 하였다. 그는 곧장 병사 3000명을 이끌고 박진의 진영으로 달려가 알현하였다. 박진은 매우 기특하게 여기며 김충선을 자신의 군막에 두고 계책을 자문하였는데, 모두 왜적을 섬멸하는 비책이었다.

김충선은 평소 화포와 조총 제작에 능숙하였다. 이때부터 화포와 조총을 많이 만들어 조선 병사들을 훈련시켰다. 휘하

• 박진朴晉 : 원문에는 '李珏'으로 되어 있는데, 김충선의 『모하당집慕夏堂集』 권2 부록에 수록되어 있는 이의숙李義肅이 지은 전傳과 김충선이 지은 여러 글에 의거하여 '朴晉'으로 바로잡아 번역하였다. 김충선이 부산에 상륙한 1592년 4월 13일 당시 경상좌도 병마절도사는 이각이었으며 박진은 밀양 부사였다. 그러나 이각은 김해와 밀양이 함락되자 싸우지도 않고 달아났다. 박진과 경상우도 병마절도사 김성일金誠一은 진주에서 적을 맞아 싸웠다. 이로 인해 후에 박진이 경상좌도 병마절도사를 맡게 되었다.

에서 화포와 조총 제작에 능숙한 김계수金繼守 등을 뽑아 경향 각지의 진영으로 파견하여 가르치게 하였다. 우리나라에서 조총을 만들고 화약을 제조하는 것이 이때 비로소 왕성하게 이루어졌다. 선조가 이 소식을 듣고 김충선을 불러 무예를 시험해 보고는 뛰어나다고 칭찬하며 품계를 뛰어넘어 가선대부嘉善大夫를 하사하였다.

가등청정은 동래를 함락한 뒤 기장과 양산을 휩쓸고는 곧장 울산을 쳐서 증성甑城에 주둔하였다. 김충선과 절도사 박진은 울산으로 진격하여 그들을 포위하였다. 김충선 휘하에 있는 3000명은 모두 조총과 검술에 뛰어난 재주를 지닌 죽음도 두려워하지 않는 날랜 병사들이었다. 가는 곳마다 승승장구하며 왜적을 섬멸하였다.

얼마 지나지 않아 왜적이 다시 배가 넘는 대군을 이끌고 와서 증성을 점령하였다. 왜적이 무력시위를 하며 겁을 주어서 아군의 사기가 크게 떨어졌다. 김충선이 군사들을 향해 소리 질렀다.

"겁먹지 마라! 나를 따라 진격하면 된다."

그러고는 곧장 용맹을 뽐내며 먼저 성을 타고 올라가 힘을 다해 육박전을 하였다. 왜적은 버티지 못하고 목을 감싸며 달아났다. 마침내 아군이 승기를 잡아 적을 추격하여 무찌르니 시체가 들판에 가득하였다.

왕이 대승 소식을 듣고 김충선을 크게 칭찬하며 품계를 더 높여 주고 성과 이름을 하사하였다. 김충선이 은혜에 감사하는 상소를 올렸는데 대략의 내용은 이러하다.

"신은 본래 오랑캐 섬에서 태어난 천한 놈으로 떠돌아다니며 빈한한 생활을 하였습니다. 조선에 귀화한 이후로 마음과 기력을 다하여 나라에 충성하였는데 도리상 마땅히 해야 할 일을 한 것입니다. 증성에서 싸울 때 첫 번째 전투에서 승리하였고, 두 번째에 대승을 하였습니다. 이것이 어찌 신의 지혜와 전략으로 된 것이겠습니까. 모두 전하의 위대한 덕과 신이한 위엄에 힘입은 것입니다. 그런데도 전하께서는 자신의 덕으로 여기지 않고 미천한 신에게 공을 돌려 넘치는 상을 내리고 표창을 하셨습니다. 옛날 진秦나라 목공穆公이 유여由余를 총애하고• 한漢나라 무제武帝가 김일제金日磾를 후하게 대접하였습니다.• 그러나 신처럼 성과 이름을 하사받는 영광을 누린 자는 없었습니다."

얼마 후 김충선은 김응서金應瑞, 1564~1624와 함께 명나라 제독 마귀麻貴의 군대에 배속되어 거기서도 공을 많이 세웠

• 진秦나라……총애하고 : 유여는 춘추 시대 사람으로 본래 진晉나라 사람이었는데 진秦나라로 망명하여 진 목공秦穆公을 도와 서융西戎의 패자霸者가 되게 하였다.

• 한漢나라……대접하였습니다 : 김일제는 본래 흉노 휴도왕休屠王의 태자였는데 한나라에 포로로 끌려간 뒤 무제의 사랑을 받아 상장군上將軍에 올랐다.

다. 마침 김응서가 대오를 이탈한 일에 연루되었는데, 제독이 노하여 그를 참수하려고 하였다. 김충선은 문서를 올려 김응서를 살려 달라고 요청하였다.

"소장小將과 김응서는 주인과 객의 사이입니다. 김응서가 죄를 지어 군법을 어겼으나 소장이 어찌 감히 앉아서 그의 죽음을 지켜볼 수 있겠습니까. 오늘 전투에 소장이 출정하여 마땅히 적장의 목을 베어 김응서의 죄를 갚고자 합니다. 만약 그렇게 하지 못한다면 즉시 소장의 목을 베어 김응서의 죗값을 대신 받게 해 주십시오."

김충선은 문서에 서명을 마치자마자 말에 뛰어올라 적의 진영으로 돌격하여 이름난 적장의 목을 베어 돌아왔다. 김응서는 이로 인해 죽음을 면할 수 있었다. 김충선은 전장에서 보낸 7년 동안 싸웠다 하면 공을 세웠으나 스스로 자랑한 적이 없다.

전쟁이 끝나고 대구의 삼성산三聖山 아래 우록리友鹿里에 터전을 마련하여 결혼을 하고 자식을 낳아 산수를 즐기고 사냥을 하면서 지냈다.

후에 북쪽의 여진족이 자주 침략하여 나라의 근심거리가 되었다는 소식을 듣고 분개하여 상소를 올렸다.

"예로부터 외적이 침략하는 우환은 늘 있었으나 방어하는 방도를 잘 세우면 외적도 감히 함부로 하지 못하였습니다. 옛날 제齊나라 위왕威王 때 단자檀子가 남성南城을 잘 지키자 초楚나라가 감히 침략하지 못하였습니다. 한나라 무제가 이광李廣을 우북평 태수右北平太守에 임명하자 흉노가 감히 국경에 가까이 오지 못하였습니다. 이 둘은 모두 방어하는 방도를 잘 세운 것입니다.

지금 여진족의 형세를 헤아려 보건대, 느긋하게 풀어 주면 제멋대로 날뛸 것이며, 긴급하게 압박하면 달아날 것입니다. 진정 사내 한 명, 장검 한 자루만 있으면 북쪽의 우환을 대비하는 데 충분합니다. 그러나 우리나라에서 변방을 수비하는 방법을 보면 자주 장수를 교체하니, 오래 방어할 수 있는 장구한 계책이 없습니다. 만약 저들이 이 틈을 엿보아 침략한다면 참으로 한심한 사태가 발생할 것입니다. 신에게 방어를 맡기되 북쪽의 우환이 진정될 때까지 연수에 제한을 두지 마소서."

김충선이 명을 받고 북방으로 가서 활과 창을 베고 자면서 적의 동태를 살피고 엄히 경비하자 여진족은 망할까 두려워하며 국경에서 멀리 달아났다. 김충선은 북쪽 국경에서 우리의 위엄을 배양하고 10년이 지난 후 집으로 돌아왔다. 그의 품계는 정헌대부正憲大夫로 올랐다.

역적 이괄李适, 1587~1624이 모반을 하여 죽음을 당하였다. 그의 부장副將이던 서아지徐牙之는 일본 사람으로 이괄에게 발탁되었는데 매우 용맹하여 '비왜飛倭'라 일컬어졌다. 이괄이 잡혀서 죽음을 당하자 서아지는 영남으로 숨었다. 그가 어찌나 사납게 날뛰던지 잡으러 간 사람들이 감히 가까이 가지 못하였다.

김충선은 서아지가 있는 곳을 알아낸 뒤 쇠고기와 술을 준비하여 달려갔다. 숲속에 자리를 잡고는 사람을 보내 안부를 묻고 술이나 마시며 놀자고 불러내었다. 김충선이 본래 일본사람이라 서아지는 의심을 품지 않고 김충선이 보낸 사람을 따라왔다. 김충선이 서아지의 팔을 잡고 기쁜 체하며 술을 계속 권하였다. 서아지가 술에 취한 틈을 타 나무에 묶고, 부하를 시켜 그의 머리를 베어 서울로 보냈다. 임금이 서아지 소유의 종과 땅을 김충선에게 주어 공을 치하하려고 하였다. 김충선은 상소를 올려 강력하게 사양하고, 수어영守禦營 군비에 보탤 것을 요청하였다.

병자년1636, 인조14에 청나라가 침략하였다는 급보가 날아들었다. 당시 김충선은 예순일곱의 고령이었으나 충심과 용맹은 여전하였다. 밤낮을 가리지 않고 달려가 임금께 문후를 여쭙고자 하였으나 임금은 이미 남한산성으로 피신한 뒤였다. 그는 쌍령雙嶺, 경기도 광주에 있는 고개의 군영으로 곧장 들어가 힘을 다해 전투를 벌였다. 청나라 군대는 크게 혼란에 빠져 사상자가 이루 헤아릴 수 없을 정도였다. 김충선은 무찌른 적의 코 수천 급級을 전대에 가득 담아 남한산성에 이르렀다. 그러나 청나라와의 화의和議가 이미 이루어진 뒤였다. 김충선은 전대를 풀어 땅에 내던지고 분노를 참지 못해 크게 울부짖으며 말하였다.

"어찌 예의지국이 저 못된 오랑캐에게 무릎을 꿇는단 말인가. 중국을 높이고 오랑캐를 배격하는 춘추春秋의 의리가 어디에 있단 말인가. 나의 검 하나로 족히 100만의 군사를 대적할 수 있거늘 이제 이 검을 어디에 쓴단 말인가!"

그는 검을 치며 슬퍼해 마지않았다.

김충선은 우록리로 돌아와 당호를 '모하慕夏'라 하고, 「모하당기慕夏堂記」를 지어 자신의 뜻을 드러내었다. 또 그가 지은 「가훈家訓」, 「향약서鄕約書」 및 전후로 올린 상소문 다섯 편에는 모두 간절함과 신실함이 담겨 있어 평소 뜻한 바가 어디에 있었는지를 알 수 있다. 같은 시대를 살았던 명신 정철鄭澈, 이덕형李德馨, 이정복李廷馥, 김명원金命元, 이시발李時發, 김성일金誠一, 곽재우郭再祐, 이순신李舜臣, 김덕령金德齡 등 여러 공이 김충선에게 편지를 보내 예를 표하였다.

김충선은 당초 종군하여 바다를 건너올 때 신묘년1591, 선조 24에 만든 호적을 품고 왔는데 조선에 귀화하겠다는 결심을 하여 돌아가지 않았다. 김충선의 후손에 대해서는 묘갈墓碣과 족보 서문에 상세하게 적혀 있다.

다음과 같이 찬한다.

사람들은 김충선 공을 한나라 장수 김일제에 빗대어 말하는데 두 사람은 자못 비슷한 구석이 있다. 그러나 김일제가 김충선 공처럼 한나라를 위해 적을 살펴 기묘한 계책을 내고 정벌한 공적을 세웠는가. 역사에서는 김일제가 버릇없이 궁녀와 희롱하는 자기 큰아들을 죽인 것을 칭송하였다. 그러나 충과 효를 열심히 행하라는 가훈을 만들어 자손들에게 미리 가르친 김충선 공보다 나은가.

공이 처음 조선에 왔을 때 자신의 병기가 날카롭지 않은 것도 아니고, 힘이 강하지 않은 것도 아니며, 지혜가 넉넉하지 않은 것도 아니었다. 그런데도 칼날에 피를 묻히지 않고 의리에 귀의한 것은 예악 문물을 흠모하는 마음이 양지良知와 같이 어렸을 때부터 축적되었기 때문이지 하루아침에 그렇게 된 것은 아니다. 참으로 천하의 호걸이니, 김일제가 이렇게 할 수 있겠는가.

–『이재집頤齋集』 권7

임진왜란 때 왜군의 장수로 왔다가 조선에 귀화하여 큰 공을 세운 김충선1571~1642의 전기이다. 김충선은 본명이 사야가沙也加인데 선조가 "바다를 건너온 모래沙를 걸러 금金을 얻었다."라고 하며 김해 김씨로 성을 내려 주었다고 한다.

김충선의 전기는 1796년정조20 이의숙李義肅, 1733~1805이 지은 이 글 외에 여항 문인 김진항金鎭恒이 1834년순조34에 지은 「김장군충선전金將軍忠善傳」도 있다. 이의숙의 글은 김충선의 문집인 『모하당집慕夏堂集』에도 수록되어 있다. 후손들이 조상의 문집을 편찬하면서 이의숙에게 전을 의뢰한 것으로 보인다.

조선 시대에는 귀화한 왜인倭人이나 야인野人을 '향화인向化人'이라 불렀다. '화化'는 덕화德化, 교화敎化의 뜻으로, 문명사회의 어진 정치를 선망하여 스스로 찾아와 귀화한 것을 의미한다. 조선에서는 향화인에게 토지, 주택, 의복 및 과거 응시 자격을 주었으며, 특별한 사람에게는 관직을 제수하였다. 김충선은 귀화한 뒤 왕명에 따라 무과에 응시하고 관직을 받았으며, 임진왜란 때 공적 등을 인정받아 정헌대부에 올랐다. 1794년에는 김충선의 후손과 경상도 유림이 녹동서원鹿洞書院을 건립하여 그를 배향하였다.

김충선이 조선에 귀화한 이유는 중화의 문화를 흠모하였기 때문이다. 김충선이 지은 「가훈」을 보면, 자손들이 대대로 중화의 백성이 되어 예양을 갖춘 인간으로 살기를 바라 조선에 귀화하였다고 하였다. 김충선이 중화 문명을 흠모한다는 뜻의 '모하慕夏'로 자신의 당호를 지은 것도 같은 이유에서이다.

김충선은 조선에 귀화하기 전까지 일본에서 참혹한 전쟁을 많이 경험했을 것이다. 풍신수길豊臣秀吉이 1590년 전국을 통일하기까지 그야말로 일본은 전쟁터였다. 김충선은 무武가 아닌 문文으로 다스리는 나라에 살고 싶었을 것이다. 그렇기 때문에 누구보다도 충의와 예양을 알고 존왕양이尊王攘夷의 춘추대의를 철저히 지키는 조선인으로 살고 싶었는지도 모른다.

명나라 유민 강세작
康世爵傳

남구만

"나라가 멸망하였는데도 원수를 갚지 못하고,
실낱같은 목숨을 아껴 다른 나라에 몸을 의탁하였다."

강세작康世爵은 중국 형주부荊州府 사람이다. 증조 강우康祐는 금주 참장金州參將으로 몽고와 싸우다가 전사하였고, 할아버지 강림康霖은 임진왜란 때에 양호楊鎬를 따라 우리나라에 와서 왜군을 정벌하다가 평산平山에서 죽었다. 아버지 강국태康國泰는 청주 통판靑州通判의 자리에 있었는데, 정사년1617에 어떤 사건에 연좌되어 요양遼陽으로 귀양을 갔다. 이때 열여섯 살 먹은 강세작이 아버지를 따라왔다.

무오년1618 4월에 청나라가 무순撫順을 함락하고 유격장遊擊將 이영방李永芳을 사로잡았다. 7월에 청하淸河가 함락되자 이곳을 지키던 추씨鄒氏 성의 장수가 이영방을 위해 전사하였다.

기미년1619 3월 경략經略 양호가 요양에서 장수들에게 명하여 군대를 넷으로 나누어 청나라 정벌에 나섰다. 총병摠兵 두송杜松은 개원開原에서, 총병 왕상건王尙乾은 무순에서, 총병 이여백李汝柏은 청하에서, 도독都督 유정劉綎은 우모령牛毛嶺에서 각각 출정하였다.

이때 아버지 강국태가 유정의 군대에 소속되어 있어서 강세작 역시 따라갔다. 강국태가 아들을 꾸짖으며 따라오지 말고 돌아가라고 하였으나, 차마 떠나지 못하고 장막 밖에 숨어 있었다. 강국태는 나중에 이것을 알고 강세작을 장막 안으로 불러 등을 어루만지며 달랬다.

"이곳이 어떤 곳인데 네가 아직도 나를 따라다닌단 말이냐."

군대가 우모령을 지날 때 적군이 산골짜기에서 갑자기 튀어나와 비 오듯 화살을 퍼부었다. 앞뒤에서 서로 구원하지 못하고 대군이 크게 패하고 말았다. 도독 유정은 제 몸에 불을 질러 자결하였으며, 강국태도 화살을 맞고 죽었다. 강세작은 골짜기에 몸을 숨겼다가 날이 저문 뒤 아버지의 시신을 수습하여 묻고 돌로 표시해 두었다.

우리나라 병사들은 유정 군대의 후미에 있었다. 도원수와 부원수는 산 위에 진을 치고, 좌영과 우영의 장수들은 산 아래에 진을 치고 있었다. 강세작은 산 위 원수의 진영으로 들어가 몸을 의탁하였다.

다음 날 아침 청나라 군대가 먼저 좌영을 공격하였는데 거센 바람에 떨어지는 낙엽처럼 무너져 순식간에 살아남은 자가 하나도 없었다. 다시 우영을 공격하였는데, 우영도 패하여 산 위의 진영으로 도망쳤다. 산 위의 진영에서는 이 광경을 바라보고 모두 벌벌 떨며 사색이 되었다. 두 원수가 한참을 따지며 싸웠다. 한 사람은 싸우자 하고, 한 사람은 항복하자고 하는 것 같았다. 한참 후에 적진에 사신을 보냈다. 잠시 후 사신이 돌아와 "군사들은 즉시 무기를 버리고 산에서 내려와 항복하라!"라는 적의 뜻을 보고하였다.

적군은 원수의 진영을 몇 겹이나 포위하고 우리나라 병사들 속에 섞여 있는 명나라 군사를 색출하여 끌고 가서 모두 목을 베었다. 강세작도 포박되어 큰 돌 아래에 앉아 있었는데, 마침 일을 맡은 청나라 병사가 잊고 그냥 가 버렸다. 강세작이 우리나라 병사에게 눈짓을 보내 포박을 풀어달라고 하였으나 모두 눈치만 볼 뿐 감히 나서지 못하였다. 강세작은 스스로 돌 모서리에 등을 비벼서 포박한 끈을 끊었다. 그는 전사한 우리나라 병사의 옷으로 바꿔 입은 다음, 우리나라 병사들 속으로 들어와 죽을 고비를 넘겼다. 그 후 달아나 요양으로 돌아왔다.

이 전투에서 개원과 무순에서 출정한 군대도 전멸하였다.

오직 청하에서 출정한 군대만이 경략의 전령을 듣고 싸우지 않고 돌아갔다. 명나라 황제는 세 곳의 군대가 패하였다는 소식을 듣고 크게 노하여 양호와 이여백을 잡아들이고, 양호 대신 웅정필熊廷弼에게 요양을 지키게 하였다.

이때 강세작은 아버지의 유골을 미처 수습하지 못하여 차마 고향으로 돌아가지 못하고 있었다. 웅 경략이 강세작을 불러 말하였다.

"일전에 너의 계부인 강국윤康國胤이 나에게 편지를 보내와 너에게 옷과 양식을 주어 아버지의 유골을 수습할 수 있게 해 달라고 부탁하였다. 너는 젊고 용맹하니, 기복起復•하여 종군해서 아버지의 원수를 갚거라."

강세작은 감히 사양하지 못하였다.

이해 6월에 청나라가 개원을 함락하고 7월에 철령鐵嶺을 함락하였다. 명나라 황제는 다시 웅 경략을 잡아들이고 광녕포정사廣寧布政使 설공薛公에게 임무를 맡겼다.

신유년1621 3월에 청나라가 심양瀋陽을 포위하였다. 당시 총병 12명이 함께 성을 지키고 있었는데, 성은 작은데 군사가 많아 모두 수용할 수 없다고 의논한 뒤 기마병을 성 밖으

• 기복起復 : 기복출사起復出仕의 준말이다. 어버이의 상중에는 벼슬을 하지 않는 것이 관례인데, 나라에 큰일이 있을 때에는 관례를 깨고 벼슬하는 것을 이른다.

로 내보내 진을 치게 하였다. 청나라 군대는 기마병이 성 밖으로 나오는 틈을 타서 급습하였다. 청나라 군대가 성안으로 달아나는 기마병의 후미를 따라 들어오는 바람에 성문을 미처 닫지 못하였다. 마침내 성이 함락되고 성안에 있던 남녀노소는 도망갈 곳이 없어 모두 성 아래로 뛰어내렸다. 혹은 죽고 혹은 부상을 당한 사람들이 성 아래에 가득 쌓였는데, 그 높이가 성의 절반이나 되었다. 성안에 있던 강세작은 말을 타고 성을 내려오다 시체 더미 위로 떨어지는 바람에 걸려 넘어졌다가 헤치고 나와 요양으로 도망쳐 돌아왔다.

청나라 군대는 승기를 타고 다시 진군하여 요양성을 포위하였다. 이때 어떤 사람이 적진에서 도망쳐 와서 적을 무찌를 수 있다고 말하였다. 성안에 있던 사람들은 그가 첩자인 줄 모르고 그에게 성의 서쪽을 지키게 하였다. 첩자는 성안에 있던 불량한 자들과 함께 안에서 적을 돕기로 모의한 다음, 밧줄을 내려 적이 타고 성을 올라오도록 하였다.

요양성의 둘레는 15리인데, 동쪽 · 남쪽 · 북쪽의 삼면은 철저하게 지켰지만, 서쪽은 이미 적이 침입하여 성가퀴를 가득 채우고 있었다. 경략 설공은 제 몸에 불을 질러 자결하였다. 감군 어사監軍御史 장훈張勳은 생포되어 항복하라는 위협을 받았으나 종일토록 굴복하지 않았다. 이때 문관 12명은 장훈과 함께 죽었으나 무장들은 모두 항복하였다.

성이 함락될 때 강세작은 말을 타고 도망치다가 마침 깊은 우물에 빠져 말을 잃고는 밤을 틈타 걸어서 성 밖으로 빠져나왔다. 참호에 물이 막 불어나 있던 터라 성에서 도망쳐 나온 사람들이 거의 다 참호에 빠져 죽었으나 강세작은 헤엄을 잘 쳐서 건널 수 있었다. 다음 날 날이 밝자 들판에 어지럽게 널려 있는 시체 속에 숨어 있다가 날이 어두워지기를 기다려 산으로 도망쳤다. 낮에는 숨고 밤에는 걸어서 봉황성鳳凰城에 도착하였다.

적군이 사방에 쫙 깔려 있어서 사람들은 아침저녁 사이에도 목숨을 보전할 수 없는 지경이었다. 주인집에 처녀가 있었는데 시집 보낼 만한 곳이 없어 강세작에게 사위가 되어 달라고 청하였다. 그러나 강세작은 돌아가신 아버지 장례도 아직 치르지 못했다며 사양하였다. 강세작은 광녕廣寧 사람 유광한劉光漢과 함께 요양에 흩어져 있던 병사 300명을 모아 함께 봉황성을 지켰다. 얼마 되지 않아 유광한은 전사하였고, 강세작도 중상을 입고 포로가 되었으나 다행히 죽지는 않았다. 강세작은 이렇게 생각하였다.

'내 고향 남쪽으로 돌아갈 길이 이미 막혔으니 동쪽 조선으로 가는 것이 낫겠다. 조선으로 가면 그래도 변발하고 오랑캐 옷을 입는 것은 면할 수 있을 것이다.'

그는 탈출하여 사람이 살지 않는 곳으로 도망쳤다. 입고 있던 양가죽 옷을 칼로 잘라 물에 끓여 먹었다. 13일 동안 새와 짐승이 달아나 숨듯이 도주하여 비로소 압록강을 건너 만포진滿浦鎭에 이르렀다. 이때가 을축년1625, 인조3 8월이었다. 만포진에서 관서의 고을을 두루 돌아다니며 입에 풀칠을 하였다. 그러다가 '도망쳐 타국에 살고 있는데 청나라 관리가 왕래하는 곳에 오래 머무를 수 없다.'라는 생각이 들었다. 그래서 병인년1626에 함흥으로 들어갔고, 점점 북쪽으로 올라가 병자년1636에 경원慶源에 이르렀다. 병술년1646에는 종성鍾城으로 이주하였다가, 신축년1661, 현종2에 비로소 회령會寧의 서쪽 도곤都昆에 정착하였다. 이곳에서 여든이 넘도록 살다가 일생을 마쳤다.

강세작은 역원驛院의 종을 아내로 맞아 아들 둘을 낳았다. 함경도 관찰사가 명나라 사대부 집안의 후예인 이들을 천인의 호적에 두는 걸 가엾게 생각하여 조정에 보고하였다. 조정에서는 속전贖錢을 받고 양인이 되도록 허락하였다.

강세작은 북방에서 거의 50년을 살았는데 그를 칭찬하는 사람이 많았다. 그는 관상을 보아 사람의 운명을 점치는 방법을 알았으나 한 번도 이 재주를 팔아먹은 적이 없고, 주먹과 용맹이 남달랐으나 한 번도 남과 싸운 적이 없었다. 열심히 농사를 지어 많은 곡식을 생산하였으나 남는 것으로 가난하고 굶주린 자들을 구제하는 등 인색하게 굴지 않았다. 그가 사는 곳은 청나라 사람이 시장을 여는 곳이기 때문에 청나라 물건이 민간에 두루 퍼져 있었다. 그는 청나라와 같은 하늘 아래 사는 것을 비통하게 생각하였으므로 청나라 물건이라면 털끝 하나도 제 몸에 가까이하거나 집에 둔 적이 없다. 집이 강가에 있었는데 지붕을 일 때 짚을 사용하고 풀을 사용하지 않았다. 그 이유를 묻자 이렇게 대답하였다.

"사람들이 혹 압록강을 건너온 명나라 사람으로 나를 의심하면 어떻게 해명하겠는가."

북방에 부임한 관리 중에 그의 명성을 듣고 초대하는 사람이 많았다. 강세작은 관리의 인품이 어떤지를 잘 살펴 마음이 내키지 않으면 비록 초청하더라도 가지 않았다. 변방의 아전이 법을 어겼다는 말을 들으면, 큰 소리로 말하였다.

"중국에서는 법을 매우 엄격하게 적용한다. 어찌하여 이 조선에서는 법을 어긴 관리를 삶아 죽이는 규정이 없는가."

이에 사람들이 모두 그를 두려워하였다.

아들이 마마에 걸려 죽을 지경에 이르자, 그의 아내가 무당을 불러 술과 떡을 상에 차려 놓고 기도를 하였다. 강세작이 직접 술을 따라 무릎을 꿇고 신에게 잔을 올리며 말하였다.

"과연 신이 있다면 형체를 드러내 주십시오. 비록 형체가 아니더라도 음성은 듣고 싶습니다."

그러고는 그 앞에 엎드려 한참 동안 신이 나타나기를 엿보다가 말하였다.

"내 자세히 보아도 그 형체를 볼 수 없고, 조용히 들어도 그 음성을 들을 수 없다. 신이라는 것이 과연 어디에 있단 말인가!"

강세작은 술과 떡을 흩어 버리고는 상을 치우고 신위를 불태워 버렸다. 아내가 놀라 울부짖으며 그만두라고 애걸하였으나 화를 내며 아내를 심하게 꾸짖었다. 그런데 아들의 마마가 나았다. 북방에서는 평소 마마의 신을 두려워하여 무당의 말을 맹신하였는데, 이를 보고 깨우친 사람들이 더러 있었다.

강세작은 죽을 때가 되자 아들에게 집안의 가계와 일가, 난리를 만나 떠돌게 된 전말을 자세히 이야기해 주었다.

"나는 아버지가 돌아가셨는데도 아직 유골을 수습하지 못하였고, 나라가 멸망하였는데도 아직 원수를 갚지 못하였다. 실낱같은 목숨을 아껴 구차하게 연명해서 타국에 몸을 의탁하고 노비를 아내로 삼았다. 살아서는 사람들에게 치욕스럽고 죽어서는 귀신에게 부끄러울 것이다. 너희들은 장례를 간소하게 치러서 군주와 부모에 대한 애통함을 표시하고 내 평생의 죄를 씻을 수 있도록 하거라. 이것이 너희들이 효도하는 길이다."

또 여러 아들에게 경계하는 말을 남겼는데, 재산을 나누지 말며 분가하여 따로 살지 말라고 하였다. 강세작의 아들들은 이 가르침에 따라 함께 살고 있다고 한다.

다음과 같이 찬한다.

나는 신해년1671, 현종12에 함경도 관찰사가 되어 순행차 회령에 갔다. 이때 강세작은 여전히 건강하였으며 나를 찾아와 함께 이야기를 나누었다. 그는 겨우 글자를 알 정도였지만 청나라 군대가 요동을 건너온 일을 어제 일처럼 똑똑히 말하였다. 또 동쪽으로 청나라 정벌을 갔던 명나라 장수들의 장단점을 다음과 같이 논하였다.

"양호는 마음이 너그러워 군사들의 마음을 얻었으나, 적을 제대로 파악하지 못하고 청나라를 상대하기 쉽다고 생각하다가 패하였습니다. 유정과 두송은 용맹하기는 하나 계책이 없으니 험한 곳으로 깊이 들어가면서 척후병을 두지 않았다가 적의 기습을 만나 전멸하였습니다. 웅정필은 청렴결백하고 군법을 잘 지켜서 위엄과 명망이 있으나 군법을 어긴 병사들을 부지기수로 죽여서 원망하는 병사들이 많았습니다. 이 때문에 공을 이루지 못하였습니다. 그러나 전투에서 이기고 지는 것은 하늘에 달렸으니, 어찌 인력으로 되겠습니까."

우리나라에 온 중국 사람을 보면 대부분 경박하고 거짓되며 이익을 좋아하여 탐욕스러울 정도로 사람들에게 구걸하였다. 그러나 강세작만은 헛되이 과시하지도 않고 함부로 남의 것을 취하지도 않았으며, 거짓말을 하거나 의심스러운 행동을 하지도 않았다. 그는 향리에서 두터운 신임을 받았고,

여러 아들이 그의 가르침을 행하였다. 이 모든 일은 기록할 만한 것이다.

-『약천집 藥泉集』 제28

앞의 「전쟁 포로 조완벽」과 「경계인 이화암 노승」이 정유재란과 병자호란 때 각각 일본과 청나라에 포로로 끌려가 살았던 조선 사람의 이야기라면, 「명나라 유민 강세작」은 청나라가 명나라를 침략했을 때 조선으로 피신한 명나라 사람의 이야기이다. 여러 차례의 전쟁을 겪으면서 조선과 일본, 조선과 명나라 사이에 전쟁 포로를 포함하여 다양한 형태의 이주민이 발생하였다.

이 글을 지은 남구만南九萬, 1629~1711은 1671년 함경도 관찰사로 갔다가 강세작을 직접 만나 인생 역정을 듣고 1688년숙종14 그의 전을 지었다. 남구만은 중국에서 망명한 사람들이 대개 경박하고 이익을 탐하는 경우가 많으나, 강세작만은 향리에서 두터운 신임을 얻고, 자식들도 아버지의 가르침을 잘 행하였다고 칭찬하였다.

강세작은 특별히 조선과 인연이 깊다. 할아버지는 임진왜란 때 양호를 따라 조선에 왔다가 평산에서 죽었다. 아버지는 후금後金의 남하를 막기 위해 심하深河 전투에 참여하였다가 전사하였다. 심하 전투 때 조선에서도 명나라를 돕기 위해 강홍립姜弘立이 이끄는 군대를 파견하였다. 강세작 역시 이 전투에 참여하였다가 겨우 살아남았으며, 이후로도 요양 일대에서 벌어진 명나라와 청나라 사이의 전투를 겪었다.

강세작은 청나라 군대에 포로로 잡혔다가 숱하게 죽을 고비를 넘기고 결국 1625년에 압록강을 넘어 조선으로 들어왔다. 그렇다고 조선에서의 생활이 편한 것도 아니었다. 청나라 군대에 발각될까 염려하여 만포진에서 함흥으로, 함흥에서 더 북쪽으로 올라가 경원으로 거처를 옮겼으며, 이후 종성을 거쳐 마침내 회령에 정착하였다. 강세작은 조선에서 아내를 얻고 자식도 낳아 가정을 이루고, 50년 가까이 조선에서 살았다. 그는 아버지의 유골을 수습하지 못한 불효자로, 나라가 망했는데도 원수를 갚지 못한 불충한 신하로 타국에서 울분을 품고 살다가 생을 마감하였다.

5부

예인으로 살다

거문고의 명인 이원영

비파의 고수 송경운

득음한 가수 우평숙

광기의 화가 최북

거문고의 명인 이원영

琴師李元永傳

김윤식

"나는 거문고를 연주하고 아내는 듣네.
늙어서야 짝이 있는 즐거움을 알겠네."

내가 서울에서 지낼 때 이따금 금객琴客들과 어울려 놀았는데, 금사琴師 이원영李元永을 일컫는 사람들이 많았다. 병인년1866, 고종3 봄 내가 건릉 참봉健陵參奉으로 재소齋所에 입직했을 때 매우 한가하였다.

사람들이 내게 권하였다.

"고을에 거문고를 잘 타는 사람이 있는데, 그 사람과 이야기를 나눌 만합니다."

나는 기뻐하며 가서 불러오라고 하였다. 잠시 후 그 사람이 문에 이르렀다. 키가 훤칠하고 풍채가 좋았다. 양쪽 귀밑머리가 희끗희끗하고 지팡이로 땅을 더듬으면서 걸었다. 나는 사람을 시켜 그를 부축하여 계단을 오르게 한 다음 말하였다.

"아무개는 이쪽에 있고, 아무개는 저쪽 있소."

이윽고 그 이름을 들으니, 바로 전에 들었던 금사 이원영이었다. 나는 뛸 듯이 기뻤다.

"나는 어른이 돌아가신 줄 알았는데, 정말 이렇게 살아 계시는구려."

이원영은 평생 전수받은 거문고 솜씨에 대해 모두 말한 뒤, 거문고를 안고 가만히 생각에 잠기더니 노래를 지어 불렀다.

이 몸이 어떤 몸인가
동궁을 가까이서 모신 몸이라네
이 거문고는 어떤 거문고인가
동궁을 즐겁게 한 거문고라네
흐르는 세월은 머물지 않아
이 몸은 떠도는 신세가 되었네
거문고여, 거문고여
누가 너의 곤궁함을 알랴

此身何身兮　昵侍青宮
此琴何琴兮　得娛銅龍
年華不留兮　身如飄蓬
琴兮琴兮　誰知汝窮

이원영이 노래를 끝마치고 천천히 현을 어루만지며 상음商音을 끌다가 우음羽音을 타니 자리에 앉은 모든 사람이 눈물을 흘렸다. 내가 한참을 처연히 있다가 말하였다.

"노인장은 이미 늙어서 다시는 세상에 이름을 떨칠 수 없으니, 내가 노인장을 위하여 이름이 후대에 전하도록 해도 되겠소?"

그를 위하여 다음과 같이 전을 짓는다.

이원영은 초명이 원풍元豐이고, 자는 군보君甫이다. 10대조 이후로 만악縵樂 연주를 배웠는데, 이원영에 이르러 더욱 유명해졌다. 그는 성품이 호탕하고 놀기를 좋아하여 집안을 돌보지 않았다. 열일곱 살에 액정서掖庭署에 소속되어 화려한 옷을 입고 소년들과 어울려 청루靑樓에서 놀았다. 예쁜 기생들이 좌우에 늘어서 눈웃음치며 노래를 부르는데, 모두들 이원영에게 눈길을 보내고 마음속으로 좋아하여 그가 한번 돌아봐 주기를 바랐다. 그는 돈을 아끼지 않고 화끈하게 즐겼다. 어울려 노는 남녀들은 늘 이 별감李別監이 멋있다고 치켜세웠다.

효명세자가 대리청정할 때 이원영이 거문고를 잘 탄다는 소리를 듣고 중희당重熙堂으로 불러들였다. 이원영은 거문고를 끼고 달려가 아침저녁으로 옆에서 모시며 효명세자를 기쁘게 해 주었다. 하지만 한참 지나자 마음이 답답하고 궁궐

밖의 즐거운 생활이 그리워 마침내 병을 핑계 대고 궁을 나왔다. 다시 옛날과 같이 방탕한 생활로 돌아갔으나, 거문고 솜씨는 더욱 신묘해졌다. 요직에 있는 벼슬아치와 귀인들이 다투어 그를 초대할 정도로 명성이 자자하였다. 내수사 별제와 경복궁 위장에 제수되었고, 여러 번 품계가 올라 자헌대부資憲大夫에 이르렀다. 이것은 참으로 공경과 귀인들의 힘이었다.

중년에는 경치 좋은 곳을 골라 창의문彰義門 밖에 집을 짓고, '일계산방一溪山房'이라는 편액을 달았다. 그곳에서 제자들을 가르쳤는데, 한번 그의 가르침을 받으면 모두 뛰어난 연주자가 되었으므로 사람들이 앞다투어 찾아왔다.

그런대로 거문고에 힘입어 생계를 유지하였으나, 얼마 후 가세가 기울어 마침내 남쪽의 수원부水原府 송산촌松山村으로 내려가 세 들어 살았다. 자손들은 나무하고 농사지으며 먹고 살았다. 이원영은 나이가 들면서 두 눈이 어두워져 사물을 구분하지 못했기 때문에, 도성 안에 못 들어간 지 거의 12년이 지났다. 평소 이원영의 이름을 들은 사람들도 그를 아득히 먼 옛날 사람으로 여길 뿐, 양원梁園에서 객 노릇 하며 「자허부子虛賦」를 읊은• 자가 아직도 별 탈 없이 지내는 것을 알지 못

• 양원梁園에서……읊은 : 양원은 한나라 양 효왕梁孝王의 동산을 말한다. 한나라의 사마상여司馬相如가 양 효왕의 빈객으로 지내면서 「자허부」를 지었는데, 여기서는 이원영이 효명세자를 모시고 거문고를 연주한 것을 가리킨다.

하였다.

이원영은 노쇠해진 데다가 흉년을 당하여 생계가 더욱 어려워졌고 아내 역시 늙고 병들었다. 지난날 이름난 창기娼妓를 데리고 제멋대로 놀면서 집안일은 돌보지 않고, 날마다 돈을 가져다 창기가 원하는 것을 들어주는 동안, 아내는 홀로 갖은 고생을 하면서 살림을 꾸렸다. 순식간에 돈이 떨어지자 창기는 떠나고 오직 늙은 아내만이 가난한 생활을 함께하였다. 이런 생각을 할 때마다 마음속으로 후회가 막심하여 늙은 아내를 볼 면목이 없었다. 아내 또한 남편이 평생 투계鬪鷄나 노름을 하고 유흥가를 신나게 돌아다니다가 지금은 황량한 산촌에서 장부의 뜻을 펴지 못하는 것을 몹시 가여워하였다. 또 한편으로는 늙도록 무탈하게 서로 머리를 맞대고 지켜줄 수 있는 것을 다행으로 여겼다. 부부는 전날의 허물은 잊고 서로 아끼고 사랑하였다.

당시 이원영의 집에는 세간 없이 사방에 벽만 덩그러니 서 있는 가운데 거문고 하나만 놓여 있었다. 가을이 깊어 가는 고요한 밤 뜨락에 낙엽이 우수수 떨어질 때면, 그는 일어나 거문고를 가져다 연주하며 노래를 불렀다. 아내 또한 거문고 소리를 익히 들어 온 터라 곁에 앉아 그 잘하고 못함을 평하였다. 이렇듯 즐거움이 그지없었다. 이원영은 늙어서야 짝이 있는 즐거움을 알았다고 하였다. 이는 사마상여司馬相如가 아내 탁문군卓文君을 가볍게 버려서 「백두가白頭歌」의 원망을 자초한 것•보다 낫다 할 것이다.

세상에서 경박하고 놀기 좋아하며 명주실과 삼실만을 중히 여기고 왕골과 띠풀을 천하게 여기는 자, 하루아침에 이원영과 같은 신세가 되지 않을 줄 어찌 알겠는가! 이 글을 보면 느끼는 것이 있으리라.

–「운양집 雲養集」 권7

19세기 후반에 거문고 명인으로 명성이 높았던 이원영의 전기이다. 이 글을 지은 김윤식金允植, 1835~1922은 건릉 참봉으로 있을 때 이원영을 처음 만났다. 당시 이원영은 반백의 늙은이였으며 거동도 불편하고 눈까지 보이지 않았다. 김윤식은 이원영의 거문고 연주에 감동하고 그의 파란만장한 삶에 연민을 느껴 전을 지었다.

김윤식은 이원영의 삶을 초년, 중년의 화려했던 시절과 만년의 쇠락한 생활을 대비하여 서술하였다. 이원영은 십 대 후반에 이미 거문고 연주가 일품인 데다 키도 훤칠하고 얼굴도 잘생겨

• 사마상여司馬相如가……것 : 한漢나라 사마상여가 다른 여자를 아내로 맞이하려 하자, 아내 탁문군卓文君이 「백두음白頭吟」을 지어서 백발이 될 때까지 해로하고 싶은 바람을 나타내었다. 사마상여는 이를 듣고 다른 여자를 들이지 않았다.

서 기생들에게 선망의 대상이었다. 그야말로 장안의 유명 인사였던 것이다. 고관대작들은 물론 세자의 초청을 받아 연주할 정도였다. 이에 힘입어 벼슬자리도 여럿 얻었고 정2품의 품계인 자헌대부에까지 올랐다. 또한 서울의 창의문 밖 경치 좋은 곳에 터를 잡고 제자들을 가르쳤다.

그러나 인기는 식기 마련이다. 더욱이 노름을 하고 기생집에서 물주 노릇이나 했으니 집에 돈이 있을 리 만무하다. 근근이 거문고 교습으로 생계를 유지하다 결국 시골로 내려갈 수밖에 없었다. 왕년의 유명 인사 이원영을 아는 사람도 없고, 눈까지 멀어 시골에서 쓸쓸하게 늙어 갈 뿐이었다.

글의 말미에서 김윤식은 젊을 때 놀기 좋아하면 이원영처럼 늙어서 고생한다며 젊은이들에게 경고하였다. 그러나 필자는 이 글을 읽으면서 천재 예술가의 자유분방함과 그 아내의 삶에 눈길이 갔다. 이원영은 세자의 총애를 받아 안정적인 생활을 할 수 있었으나 궁을 뛰쳐나왔다. 예술가는 새장에 가둘 수 없는 법이다.

방탕한 생활을 이어 간 예술가는 절망적인 최후를 맞는 경우가 많다. 그러나 이원영의 만년은 그리 애처로워 보이지 않는다. 언제나 자신을 사랑해 주는 아내가 있어서이다. 아내는 놀기 좋아하고 노름 좋아하고 돈 쓰기 좋아하는 남편을 대신해 묵묵히 생계를 꾸리고 자식들을 길렀다.

더욱이 아내는 이원영의 거문고 연주를 들어 주는 유일한 사람이다. 가을이 깊어 가는 고요한 밤에 눈먼 이원영이 거문고를 타고, 노쇠한 아내가 곁에 앉아 감상하는 장면을 그려 보노라면, 춘추 시대 거문고의 명인 백아伯牙와 그의 친구 종자기鍾子期가 떠오른다. 이원영에게 아내는 지음知音이었던 것이다.

비파의 고수 송경운
宋慶雲傳

이기발

"사람들이 나를 찾는 것은 연주를 듣기 위해서이니 내 어찌 마음을 다하지 않겠는가."

어떤 분야에서 뛰어난 것을 누군들 높이 평가하지 않겠는가. 그러나 마음을 다하는 것보다 위대한 것은 없다. 마음을 다하면 그 마음에 사사로움이 없으며, 마음에 사사로움이 없으면 그 속까지 감화가 되고, 그 속까지 감화가 되면 하늘로부터 받은 것이 온전해진다. 진실로 하늘로부터 받은 것을 온전히 간직하여 이를 발휘한다면, 반드시 자기 한 사람에게만 충분한 것이 아니라 장차 천하 국가에까지 좋은 영향이 미칠 것이다. 이보다 좋은 것이 무엇이 있겠는가. 간혹 지체가 낮아 이름이 세상에 드러나지 않은 경우를 보고서 그럴 리가 없다고 한다면, 어찌 사람을 제대로 알아본다고 하겠으며, 어찌

지당한 말이라고 하겠는가.

무심자無心子는 말한다.

내가 일찍이 해진 베옷을 입고 여윈 말을 타고 하인도 없이 홀로 전주성 서쪽을 끼고 빙치氷峙로 올라간 적이 있다. 마침 춘삼월 상순이라 전주성 가득 복사꽃과 오얏꽃이 피었다. 저 멀리 머리가 눈처럼 하얗게 센 장부 하나가 죽장竹杖을 메고 짧은 갈옷을 입고 노래를 부르며 느긋하게 걸어오는 것이 보였다.

강호를 기약하고 십 년을 분주해도
백구는 나를 보고 더디 온다 하건마는
성은이 지중하여 갚고 가려 하였어라
江湖有期約　十年奔走
不知之白鷗　謂我遲來
聖恩最至重　擬報而來

그가 나의 말 머리까지 이르렀기에 자세히 살펴보니, 서울에 살던 옛 악사樂師 송경운宋慶雲이었다. 무심자는 그와 일찍이 교분이 있었기에 웃으며 말을 걸었다.

"죽장을 든 것은 늙어서요, 짧은 갈옷을 입은 것은 가난해서요, 걸어 다니는 것은 말이 없기 때문이라. 그런데 노래를 부르는 것은 무엇 때문인가?"

송경운이 눈썹을 쳐들고 보면서 대답하였다.

"소인은 지금 나이가 일흔이 넘었는데, 일찍이 음악을 좋아하였으니 늙은 악사라 하겠습니다. 노래는 음악의 으뜸인지라, 늙은 악사가 봄에 흥이 나서 노래를 부른 것입니다. 선생께서는 어찌 이를 이상하게 보십니까. 소인은 선생께서 예전에 임금을 가까이에서 모신 신하라는 것을 알고 있습니다. 비단옷을 남루한 옷으로 바꿔 입고, 좋은 말을 비쩍 마른 말로 바꿔 타고, 말몰이꾼과 시종도 없이 대로가 아닌 산길을 다니시다니, 어찌하여 이렇게 고생을 자처하시는지요? 소인은 선생이 오히려 더 이상합니다."

무심자는 송경운과 어울려 반나절을 즐겁게 놀았다.

송경운은 서울 사람이다. 그의 말에 따르면 본래 이 절도사李節度使 집의 종이었는데 빠릿빠릿하고 재주가 있어 절도사가 특별히 노비의 장부에서 빼 주었으며, 군공軍功을 세워 정6품 무관직인 사과司果에 오를 수 있었다.

송경운은 훤칠하고 키가 컸으며, 얼굴이 둥글고 하얀 데다가 눈이 가늘고 별처럼 빛났다. 수염이 멋있고 담소를 잘하였으니 참으로 '호남자好男子'라 이를 만하다. 선천적으로 음률을 잘 이해하였다. 아홉 살에 비파를 배웠는데 별로 힘들이지 않고도 연주를 잘하여 높은 경지에 올랐으며, 열두세 살에 벌써 이름이 경향에 알려졌다.

부잣집 잔치에는 언제나 그가 있었다. 그는 고관대작과 어울렸으며, 예쁘게 단장한 여인이 그의 좌우를 둘렀다. 북소리와 관악기 소리는 그의 위의를 도왔다. 강물 같은 술에 산처럼 쌓인 안주, 비단 천 필과 돈 만 냥이 모두 그의 것이었다. 누구 집의 밥을 먹을지, 누가 주는 옷을 입을지 내키는 대로 하였다. 이렇게 날을 보내고 달을 보내고 해를 보내며 반평생을 살았다.

송경운의 집 앞에는 사람들이 몰려와 어깨가 부딪치고 말발굽이 겹쳐 헤치고 들어갈 수 없을 지경이었다. 간신히 들어가 "송 악사 어디 있소?"라고 물으면 "어느 궁가宮家에 초청을 받아 갔다오."라고 하였다. 잠시 뒤에 또 "송 악사 어디 있소?"라고 물으면 "어느 대감의 초청을 받아 갔다오."라고 하였다. 어느 한 곳에 먼저 초청을 받아 가면 다른 쪽은 실망하여 흥이 떨어졌다. 온 도성이 이러하였다.

백 가지 기예 중에서, 이를테면 서예, 무예, 그림, 바둑, 장기, 투호 등에서 능력이 출중하여 지극한 경지에 이른 사람을 칭찬할 때면 자기네끼리 돌아보며 꼭 이렇게 물었다.

"송경운의 비파 솜씨와 견주어 어떠한가?"

나무꾼이나 목동도 모여 놀이를 할 적에 지극한 경지를 말할 때면 역시 서로 돌아보며 이렇게 말하였다.

"송경운의 비파 솜씨와 견주어 어떠한가?"

심지어 말을 배우는 두세 살 어린아이들도 별로 상관없는 일에도 "송경운의 비파 솜씨와 견주어 어떠한가?"라고 할 정도였다.

당대에 송경운의 명성이 대략 이와 같았다.

송경운은 정묘호란 때 전주성 서쪽으로 피난 와서 집을 빌려 살았다. 정원을 깨끗이 청소하고 꽃 가꾸는 일에 마음을 쏟았다. 주변에 꽃을 구한다고 이야기하면 그와 사이가 가깝건 멀건 상관없이 사람들이 기이한 화초를 아끼지 않고 주었다. 그는 큰 힘을 들이지 않고도 온갖 진귀한 꽃을 정원에 갖추었다. 또 괴석을 많이 구해다가 꽃들 사이사이에 배치하였다.

송경운은 꽃이 만발한 아침이나 달빛 좋은 저녁이면 매양 비파를 안고 정원의 꽃길을 소요하였다. 고상한 취미는 작은 동산에 어울렸고, 맑은 운치는 꽃 사이로 떨어졌다. 선계仙界를 도시로 옮긴 듯하여, 사람 북적이는 곳에서도 세속을 향한 마음이 사라졌다. 송경운은 늘 이렇게 즐겼다.

큰 도회지 전주는 우리나라에서 인물이 많이 나는 곳으로 꼽힌다. 그러나 백성들은 늘 생활이 고되고 화려한 풍속을 좋아하지 않아 관가를 제외하고는 경내에 풍악 소리가 들리지 않았다. 송경운이 전주로 내려오고부터 이곳 사람들도 음악을 좋아하게 되었으며, 그의 집에는 사람들이 물밀듯이 몰려들었다. 손님이 찾아오면 송경운은 하던 일을 내려놓고 허겁지겁 비파를 챙겨 들었다.

"소인은 천한 사람입니다. 귀한 분들이 이렇게 많이 찾아오는 것은 제 연주를 듣기 위해서지요. 그러하니 소인이 어찌 감히 연주를 늦추겠습니까. 소인이 어찌 감히 연주하는 데 마음을 다하지 않겠습니까."

그러고는 반드시 곡의 박자나 음조를 다 갖추어 연주하였으며, 손님의 마음이 흡족해진 것을 안 연후에야 연주를 그쳤다. 비록 천한 가마꾼이 오더라도 똑같이 대하였다. 20년 동안 이렇게 하면서 전혀 해이하지 않아 전주 사람들의 환심을 샀다. 전주 사람들은 이렇게 말하였다.

"전주는 큰 도회지라 인물이 많이 나는 곳이다. 송경운은 누구에게나 마음을 다하여 즐겁게 해 주니 아무래도 보통 사람이 아니다."

송경운은 늘 제자 수십 명을 데리고 있었다. 사제 간의 행동거지에 절도가 있고 서로 아끼고 공경하여 선비들이 사제 간에 취하는 태도와 다를 바가 없었다. 이런 까닭에 그의 명성은 늙어 갈수록 더욱 높아졌다. 인근 고을의 수령이나 절도사가 앞다투어 초청하여 그는 집에 있는 날이 드물었다.

일찍이 송경운과 음악에 대해 논한 적이 있는데, 그는 나에게 이렇게 말하였다.

"현악은 예와 지금의 곡조가 다른데 오늘날 사람들은 대체로 옛날의 곡조를 싫어하고 오늘날의 곡조를 좋아합니다. 그러나 저는 옛날 곡조에 뜻이 있어, 온전히 옛날의 곡조로 연주하고 오늘날의 곡조를 끼워 넣고 싶지 않습니다. 그렇게 하면 제 마음에 흡족하여 좋은 연주를 할 수 있으며 여유가 넘쳐서 비루하고 옹색함이 드러나지 않습니다. 만약 말세의 사특한 소리를 씻어 버리고 옛날의 바른 소리로 돌아갈 수 있다면, 당연히 제 생을 마칠 때까지 그대로 이어 가서 후세에 전할 수 있을 것입니다.

그러나 옛날 곡조를 들으면 누구나 심드렁해하며 즐거워하는 기색이 적고, 지금의 세태와 동떨어져 좋아하지 않습니다. 가만히 생각해 보건대 음악은 사람을 기쁘게 하는 것이 중요합니다. 만약 음악을 듣고도 즐겁지 않다면, 아무리 여기에 안회顔回의 금琴•과 증점曾點의 슬瑟•이 있다 한들 사람들

• 안회顔回의 금琴 : 안회는 공자의 제자이고, 금은 거문고와 비슷한 현악기이다. 공자가 안회에게 "집안이 가난한데 어찌 벼슬하지 않느냐?"라고 묻자, 안회는 "금을 연구하여 스스로 즐길 만하고 선생님의 도로 스스로 즐길 만하니, 저는 벼슬하기를 원치 않습니다."라고 하였다.

• 증점曾點의 슬瑟 : 증점은 공자의 제자이고, 슬은 거문고와 비슷한 현악기이다. 공자가 증점에게 자신의 뜻을 말해 보라고 하자 증점은 슬을 연주하다 멈추고 "늦은 봄날 봄옷이 지어지면 어른 대여섯, 동자 예닐곱과 함께 기수沂水에서 목욕하고 무우舞雩에서 바람 쏘이고 시를 읊으면서 돌아오겠습니다."라고 하였다.

에게 무슨 유익함이 있겠습니까. 그래서 저는 제 소신을 바꾸어 오늘날의 곡조를 간간이 끼워 넣어 사람들이 즐거워하도록 하는 것입니다."

전주에는 옛날부터 뜻이 맞는 사람들끼리 계 모임을 하는 풍속이 있었다. 규약을 만들어 서로를 경계하고 돈을 불려 상부상조하는 방식이었다. 그러나 가난해서 돈을 불리는 것이 계획대로 되지 않고 규약이 제대로 지켜지지 못하였다. 대개는 처음만 있고 끝이 없어서 몇 년도 되지 않아 흐지부지되고 말았다.

전주의 아전들은 물렁하지 않아 백성들은 그들을 사뭇 두려워하였다. 송경운은 몇몇 아전들과 함께 계 모임을 결성하였다. 봄가을로 한 번씩 모였는데, 조금이라도 규약을 지키지 않는 자가 있으면 송경운이 정색하고 꾸짖었다. 그의 말이 사리에 맞았기 때문에 온 좌중이 숙연하였다. 송경운은 일반 백성이었지만 아전들이 도리어 그를 두려워하게 된 것이다. 이에 고을 사람들은 이렇게 말하였다.

"송경운은 기개가 있는 사람인지라, 이 고을 풍속이 그에게 먹혀들지 않는다."

계 모임은 수십 년간 계속되었는데 조금도 어긋나거나 잘못되는 일이 없었다. 전주 사람들은 모두 송경운 덕분이라 하였다.

송경운은 평소 아픈 적이 거의 없다가 기의 순환 장애로 갑자기 정신을 잃고 쓰러져 회생하지 못하였다. 그는 임종할 때 제자들에게 당부하였다.

"불행히도 나는 자식을 두지 못하였다. 나는 떠도는 사람이다. 자식도 없이 떠돌다가 죽으니 어찌 허망하지 않겠는가. 나는 음악을 업으로 삼아 온 사람이다. 내가 죽거든 아무 산 남쪽에 묻으라. 너희들은 모두 비파를 들고 와서 나의 혼령을 즐겁게 해 주면 된다. 혹여 시속을 놀라게 하는 일이 없도록 하라."

그는 말을 마치자마자 숨을 거두었다. 그의 나이 일흔셋이었다. 제자들은 그의 유언에 따라 새벽에 서천西川을 건넜으며, 상여는 아무 산 남쪽을 향하였다. 제자들이 연주하는 비파 소리가 상엿소리와 어울렸다. 구경 나온 전주 사람들이 "세상에서 어찌 저와 같은 사람을 다시 볼 수 있을까."라고 하며 눈물을 흘렸다.

아, 송경운은 이처럼 탁월한 재능을 지녔으나 순 임금의 궁정에 머물며 오현금五絃琴과 합주하지도 못하였고, 태산의 높은 봉우리에 올라 천하의 불평한 기운을 울리지도 못하였다. 그저 전주성 서쪽으로 흘러들어 와서 전주 사람들을 즐겁게 하다가 생을 마치고 말았다. 어찌 슬퍼하지 않겠는가. 그러나 고금의 사람들 가운데 위대한 재능을 지니고도 그 뜻을 펼치지 못하여 울적하게 살았던 이가 어찌 송경운 한 사람뿐이겠는가.

훌륭하도다, 송경운의 마음가짐이여! 그는 사람들이 자기에게 기대하는 것을 잘 알고 그 기대를 충족해 주었다. 사람을 즐겁게 하는 것이 좋은 일인 줄 알아서 작은 수고를 마다하지 않았다. 자신의 작은 기예로 많은 사람을 즐겁게 하는 것이 행복한 일인 줄 알았고, 또 자신의 기예를 믿고 남들에게 교만한 태도를 보여서는 안 된다는 것을 알았다. 음악을 업으로 삼아 남들에게 베풀어야 하는 줄을 알았으며, 음악을 사사로운 이익을 위해 써서도 안 되고 남들에게 뽐내는 데 사용해서도 안 된다는 것을 알았다. 이렇게 한 연후라야 타고난 천성을 손상하지 않을 수 있다는 것을 알았다.

송경운의 이러한 마음을 대사업에다 옮겨 놓는다면, 그 성취가 헤아릴 수 없을 정도로 클 것이다. 만약 높은 지위에 있는 자가 채택하여 본받는다면, 천하 국가를 다스리는 데에 무슨 어려움이 있겠는가. 지체가 낮아도 무방하며 이름이 알려지지 않아도 무방하다.

송경운이 옛 곡조를 숭상하면서도 오늘날의 곡조를 섞어 연주한 것은 참으로 세상의 변화를 적절하게 따라가는 방도가 아니겠는가. 세상에 노래가 무수히 많은데 송경운이 유독 「강호곡江湖曲」을 부른 것은 무슨 까닭이었을까? 노안이지만 멀리 있는 무심자를 능히 알아보고 군신의 의리를 망각하면 안 된다는 것을 깨우치려고 한 것은 아닐까.

제자들이 함께 비파를 연주하며 자신의 마지막을 전송하도록 한 것은, 마음에 자득한 바가 있어서 다 벗어 버리고 예법에 구속되지 않겠다는 뜻이 아닐까. 제자 아무개와 아무개는 각각 송경운의 업을 반씩 계승하였다고 한다.

–『서귀유고 西歸遺藁』 권7

인조 연간에 비파 연주로 명성이 높았던 송경운의 전기이다. 글의 서두에서 이기발李起浡, 1602~1662이 송경운을 만나는 장면과 말미에서 비파를 연주하며 송경운의 상여를 따르는 제자들의 행렬 장면이 극적이다. 송경운이라는 악사의 삶만큼이나 예술적이라고 할까.

이기발은 전주 태생으로 1627년인조5 문과에 급제한 뒤 필선弼善이 되었다. 1636년 병자호란으로 남한산성이 포위되자, 형 이흥발李興浡, 군수 최온崔蘊 등과 근왕병을 모집해 청주를 거쳐 서울로 진격하였다. 그러나 청나라와의 화친이 이루어지자 전주로 돌아가서 벼슬에 나가지 않고 만년을 보냈다.

송경운은 서울에서 이름난 악사였다. 비파 연주의 최고수로 인정을 받아 고관대작들의 잔치 자리에 초대를 받는 등 인기가 대단하였다. 1627년 정묘호란 때 전주로 피난 왔다가 이곳에 정착하였다. 이기발과 송경운은 둘 다 세상사에 관심을 끊고 전주에 살고 있었다. 이기발은 스스로를 '무심자無心子'라 하였는데, 이는 세상사에 관심을 두지 않는다는 의미이다. 이기발의 마음을 안다는 듯, 송경운은 「강호곡」을 부르며 이기발과 마주하였던 것이다.

송경운은 자신이 비파 연주자로 기억되기를 바랐다. 그는 임종 때 제자들을 불러 놓고 비파 연주로 자신의 마지막 길을 전송해 달라고 당부하였다. 비파 소리와 상엿소리가 어우러지는 운구 장면을 떠올려 보면, 한 음악가의 장엄한 죽음에 마음이 절로 숙연해진다.

송경운은 옛날 곡조를 추구하였으나 그것만을 고집하지 않았다. 오늘날 사람들이 옛날 곡조에 감동을 받지 못하기 때문이었다. 송경운은 옛날 곡조에 지금의 곡조를 섞어서 연주하였다. 이를 두고 음악적 신념을 버리고 현실과 타협하였고 비난할 수는 없다. 그가 말한 대로 음악의 본령은 사람들을 즐겁게 하고, 음악 안에서 공감하며 화합하는 데 있기 때문이다.

송경운은 연주를 하는 사람이다. 자신의 연주를 듣는 사람이 많건 적건, 지위가 높건 낮건 연주자의 직분에 충실하였다. 자신의 연주를 듣고 싶어 하는 사람이 있으면 늘 최선을 다하여 연주하였다. 송경운의 비파 연주를 들은 전주 사람들은 누구나 감명을 받았다. 나아가 송경운의 극진한 연주와 마음 자세는 전주라는 고을의 풍속까지 바꿀 정도로 큰 영향력을 발휘하였다. 그래서 이기발은 글의 서두에서 "자기 마음을 다하는 것보다 위대한 것은 없다."라고 말한 것이다.

득음한 가수 우평숙

禹平淑傳

김택영

"천상에 이처럼 노래를 잘하는 분이 있는지 모르겠으나, 인간 세상에 어찌 이런 분이 또 있으리오."

우평숙禹平淑은 자字가 이형而衡이고 본관은 단양丹陽이며 숙종 때 사람이다.

우평숙은 용모가 매우 추하였다. 젊었을 때 소년들과 어울려 기생을 따라다니며 술 마시고 놀았다. 소년들이 모두 노래를 잘 부르는데, 유독 우평숙만 못 불렀다. 기생이 그를 놀렸다.

"용모가 특출 나고 능력도 많으시니, 어찌 호미와 쟁기를 잡고 농사 짓기에 합당하지 않으리오."

우평숙은 너무나 부끄러워 분발하여 노래를 배웠다. 하루는 숭산崧山 계곡에 들어가 바람 소리 물 소리 속에 열심히 노래 연습을 하는데 목구멍에서 핏덩이가 올라왔다. 이때부터 발성이 매우 신묘해졌다.

우평숙은 자신을 놀렸던 기생을 찾아갔다. 기생은 본래 평양 사람인지라 그 사이에 평양으로 돌아가 버렸다. 우평숙은 다 해진 갈옷 차림에 짚신을 신고 걸어서 평양으로 갔다. 평양에 도착하여 기생을 만나 노래를 불렀다. 기생은 우평숙의 노래를 듣고 크게 놀라 전에 놀렸던 것을 사과하였다.

"천상에 이처럼 노래를 잘하는 분이 있는지 모르겠으나, 인간 세상에 어찌 이런 분이 또 있으리오."

마침내 이 이야기가 평양성 안에 퍼져서 성안에 있는 기생들의 마음이 모두 우평숙에게 쏠렸다.

평안도 관찰사가 총애하는 기생이 우평숙의 노래를 듣고 그를 좋아하게 되어 남몰래 사랑을 나누었다. 기생은 병이 났다고 핑계 대며 관찰사의 침소에 들어가지 않는 날이 많았다. 관찰사가 염탐하여 이 일을 알아내고 크게 노해서 우평숙을 잡아들여 옥에 가두고는 죽이려 하였다. 우평숙은 감옥 벽 위에 「황룡도黃龍圖」가 걸려 있는 것을 보고, 비분강개하며 두루마리를 펼쳐 놓고 노래를 불렀다.

하나라 우 임금이 강을 건널 때
배를 짊어지고 끌었던 저 황룡이여
북해와 천지가 어찌 놀기에 부족하랴마는

비늘 꺾인 채 진토 속에 답답하게 있는가
아, 이제 비늘 꺾인 채 진토에서 죽으리니
끝내 죽는구나 너나 나나 옥에 갇혀서
夏禹氏之渡江兮　彼負舟者黃龍
北海天池豈不足敖遊兮　而乃鬱鬱摧鱗敗甲塵土中
嗟乎今日摧鱗敗甲塵土中死　終死兮爾與儂獄

옥은 관찰사가 있는 관아와 꽤 멀리 떨어진 낮은 지대에 있었다. 때는 달 밝은 밤이었다. 관찰사는 들보 너머로 날아오는 노랫소리를 들었다. 곡조가 매우 맑고 장대하였다. 이상하다 싶어 사람을 시켜 소리가 나는 곳을 찾아보게 하였더니, 노래를 부른 이는 옥에 갇힌 우평숙이었다. 관찰사는 천하의 훌륭한 재주라고 탄복하며 우평숙을 풀어 주었다.

외사씨外史氏는 말한다.

나는 숭산의 쌍폭동雙瀑洞을 유람한 적이 있다. 그곳에 사는 노인들은 지금까지도 우평숙이 노래 공부했던 곳을 정확히 알고 있었다. 가수 한복리韓福履가 나를 위해 우평숙이 득음한 이야기를 해 주었다. 한복리는 스스로 우평숙의 재주를 시험해 보고자, 박연폭포朴淵瀑布의 범사정泛槎亭에서 노래를 부르고, 사람들은 성거관聖居關 위에 앉아 듣게 하였다. 노랫

소리가 폭포를 뚫고 나왔으니, 어찌 우렛소리에 뒤지겠는가.

패서稗書, 야사에, 진청秦青• 이하 여러 사람이 종종 궁치宮徵를 곱씹어서 사람의 마음과 혼백을 빼놓았다고 전한다. 비록 보잘것없는 작은 재주라도 사람들의 마음을 즐겁게 만들어 신묘한 변화에 도달하였다면, 이 또한 군자가 버려서는 안 되는 것이다.

–『소호당문집정본 韶濩堂文集定本』 권9

김택영金澤榮, 1850~1927이 지은 「가자전歌者傳」 중 '우평숙전禹平淑傳'이다. 「가자전」에는 가수 세 명을 입전해 놓았는데, 우평숙 외에 왕석중王錫中과 손원달孫元達이 함께 실려 있다. 왕석중은 천부적인 재능을 지녀 남이 부르는 노래를 들으면 한 번에 다 터득하여 그대로 부를 수 있었다고 한다. 손원달은 노래를 부르는 공연단에서 소고小鼓라는 악기를 들고 발군의 실력을 발휘하였으며, 특히 새로운 노래를 잘 만들어 많은 사람을 감동시켰다고 한다.

우평숙은 재능을 타고난 가수라기보다는 노력파 가수라고 할

• 진청秦青 : 진秦나라 때 노래를 아주 잘했던 사람이다. 진청이 제자 설담薛譚을 전송하는 자리에서 손수 박자를 치며 슬피 노래하였는데, 노랫소리가 숲을 진동하여 가는 구름을 멈추게 하였다고 한다.

수 있다. 그는 얼굴도 못생겼고 노래도 못하여 기생들 사이에서 인기가 없었다. 우평숙은 농사나 지으라는 기생의 핀잔을 듣고, 산으로 들어가 피나는 노력 끝에 득음의 경지에 이르렀다. 그 뒤 예전에 자신을 핀잔했던 기생을 찾아가 멋지게 복수하였다.

우평숙은 관찰사가 총애하는 기생과 사통하였다가 옥에 갇혀 죽게 되었다. 그러나 우평숙의 노래를 들은 관찰사가 그의 처지를 안타깝게 여겨 풀어 주었다. 이것이 바로 음악이 가진 힘이다. 음악적 감동은 논리와 이성 너머의 영역이다. 이성으로 생각하면 자신의 애첩을 넘본 우평숙은 죽어 마땅하다. 하지만 관찰사는 우평숙의 노래를 듣고서 이성적 판단을 접고 그를 향한 분노도 놓아 버렸다. 김택영의 말대로 우평숙은 노래라는 작은 재주로 사람의 마음을 감동시키는 신묘한 경지에 도달하였던 것이다.

광기의 화가 최북

崔七七傳

남공철

"천하의 명인 최북은
마땅히 천하의 명산에서 죽으리라."

최북崔北 칠칠七七은 가계와 본관이 어떻게 되는지 모른다. 이름인 '북北' 자를 둘로 나누어 자字를 '칠칠'로 삼고 행세하였다. 화가이지만 한쪽 눈이 잘 보이지 않아 늘 한쪽 눈에 안경을 끼고 화첩을 모사하였다.

칠칠은 술을 좋아하고 산수 유람을 즐겼다. 한번은 금강산 구룡연九龍淵에 갔는데 너무나 기뻐 술을 잔뜩 마시고 울다 웃다 하였다. 그러다가 갑자기 큰 소리로 부르짖었다.

"천하의 명인 최북은 마땅히 천하의 명산에서 죽으리라."

그는 몸을 날려 구룡연으로 뛰어들었다. 곁에 있던 사람이 구해 주어 다행히 빠져 죽지는 않았다. 사람들에게 부축을 받으며 산을 내려오다 산 아래 너럭바위에 이르렀다. 칠칠은 숨이 차서 헐떡거리며 바위 위에 누웠다. 잠시 후 벌떡 일어나 길게 휘파람을 불자 메아리가 진동하여 숲속에 있던 새들이 일제히 날개를 퍼덕이며 날아갔다.

칠칠은 하루에 술을 대여섯 되씩 마셨다. 시장에서 술 파는 아이들이 술병을 들고 찾아오면, 그는 언제나 집에 있는 서책이나 종이, 비단을 전부 내주고 몽땅 샀다. 이 때문에 집안 살림이 날로 팍팍해졌다. 칠칠이 마침내 평양과 동래를 떠돌며 그림을 팔자 두 지역 사람들이 비단을 들고 그의 집 앞에 길게 줄을 섰다.

어떤 사람이 칠칠에게 산수화를 그려 달라고 하였다. 칠칠은 산만 그리고 물은 그리지 않았다. 그 사람이 이게 뭐냐고 따졌더니 칠칠이 붓을 내던지고 일어나 말하였다.

"아, 종이 밖이 다 물이로다!"

칠칠은 그림이 마음에 드는데 돈을 적게 주면, 성을 내고 욕을 해 대며 남김없이 다 찢어 버렸다. 혹 그림이 마음에 들지 않는데 값을 지나치게 높게 쳐 주면, 껄껄 웃으며 그 사람에게 주먹질을 해서 문밖으로 떠밀어 쫓아내고는 손가락질하며 비웃었다.

"저 멍청한 녀석은 그림값도 모르는구나!"

어느 때부터인가 '그림 그리는 사람'이라는 뜻이 담긴 '호생자毫生子'를 자호自號로 삼았다.

칠칠은 성격이 뻣뻣하여 사람들에게 고분고분하지 않았다. 하루는 서평군西平君 이요李橈, 1687~1756와 100금金을 걸고 바둑을 두었다. 칠칠이 거의 이기려고 하였는데 서평군이 한 수만 물러 달라고 부탁하였다. 칠칠이 갑자기 바둑돌을 흩어 판을 엎어 버리고 손을 거두어들이며 그 자리에서 쏘아붙였다.

"바둑은 본래 즐기려고 하는 것이외다. 자꾸 수를 물러 주다 보면 한 해가 다 지나도 한 판도 둘 수 없을 것이오."

그 뒤 다시는 서평군과 바둑을 두지 않았다.

한번은 지체 높은 사람의 집에 갔는데 문지기가 '칠칠'이라는 호칭을 꺼려서 안으로 들어가 "최 직장崔直長이 오셨습니다."라고 아뢰었다. 칠칠이 성을 내며 말하였다.

"어찌하여 정승이라 칭하지 않고 직장이라 하느냐?"

"언제 정승을 지내셨소?"

"내가 언제 직장을 지냈더냐. 벼슬 이름만 빌려다가 나를 높이려 했으면, 정승이라 할 것이지 어찌하여 직장이라 하느냐."

그러고는 주인을 만나보지도 않고 돌아가 버렸다.

칠칠의 그림은 날로 세상에 전파되었다. 세상에서는 그를 '최산수崔山水'라 불렀으나 화훼, 새와 짐승, 기이한 돌, 고목도 잘 그렸다. 미친 듯이 제멋대로 붓을 놀려 장난삼아 그린 것도 여느 화가들의 솜씨를 훨씬 뛰어넘었다.

나는 이단전李亶佃을 통해 칠칠을 처음 알게 되었다. 한번은 칠칠과 산방山房에서 만나 촛불을 돋우어 가며 담묵으로 대나무 몇 폭을 그린 적이 있다. 칠칠이 나에게 말하였다.

“나라에서 수군 수만 명을 두어 장차 왜倭에 대비한다 하는데, 왜는 본디 수전에 익숙하나 우리는 그렇지 못합니다. 만약 왜가 쳐들어오더라도 우리가 싸움에 응하지 않으면 저들은 절로 물에 빠져 죽게 될 것입니다. 어찌하여 수군을 모은다고 삼남三南의 백성을 소란스럽게 만든단 말입니까.”

우리는 계속 술을 마시며 대화를 나누었는데 창 너머로 날이 밝아 오고 있었다.

세상 사람들은 칠칠을 주정뱅이나 화가쯤으로 생각한다. 심지어 미치광이라고 지목하는 사람도 있다. 그러나 그가 하는 말에는 위와 같이 때로 묘한 깨달음이나 현실에 쓸 만한 것도 있었다.

이단전에 따르면 칠칠은 『서상기西廂記』, 『수호전水滸傳』 등의 책을 즐겨 읽었고, 지은 시가 기이하고 예스러워 읊을 만하였는데 감추어 두고 내놓지 않았다고 한다. 칠칠은 서울의 어느 여관에서 죽었는데, 그때 그의 나이가 몇이었는지 기억할 수 없다.

–『금릉집金陵集』 권13

조선 후기에 화가로 명성이 높았던 최북崔北의 전기이다. 최북의 전기는 조희룡趙熙龍, 1789~1866의 『호산외기壺山外記』와 유재건劉在建, 1793~1880의 『이향견문록里鄕見聞錄』에도 들어 있는데, 남공철南公轍, 1760~1840이 지은 이 글이 가장 풍부한 내용을 담고 있다. 최북은 앞서 살펴본 남경희南景羲의 「여행가 정란」에도 언급된 바가 있다. 창해滄海 정란鄭瀾이 풍악산 화첩을 만들어 완상하였는데, 이 그림을 그린 사람이 바로 최북이다. 남공철의 이 글에도 최북이 금강산 유람을 갔을 때의 일화가 기록되어 있다.

남공철은 이단전을 통해 최북을 알게 되었다고 하였다. 이단전은 시를 잘 지어 명성이 높았으나 출신이 미천하여 평생을 불우하게 살았다. 그는 최북과 마찬가지로 산수를 좋아하고 술을 즐겼으며 기질이 뻣뻣하여 광인狂人이라는 소리를 들었다. 최북과 이단전은 신분도 그러하거니와 기질이나 취향이 비슷하여 서로의 마음을 이해하는 벗이었다.

남공철은 이들의 삶에 깊은 연민과 애정을 지니고 있었다. 그는 최북과 관련된 몇 가지 일화를 기록해 두었다. 금강산에 놀러갔다가 구룡연에 몸을 던진 일, 산수화를 부탁받았는데 산만 그리고 물은 그리지 않은 일, 서평군과 바둑을 두다가 다툰 일, 자신과 산방에서 왜倭를 막기 위하여 수군을 확대하는 정책에 대하여 토론한 일 등이다. 이를 통해 남공철은 최북의 거리낌

없는 기질과 화가로서의 자존심은 물론이고 현실 문제에도 깊이 고민하였던 면모를 드러내고자 하였다.

최북은 중인 출신의 화가이다. 고관들이 보기에는 그저 환쟁이일 뿐이다. 그러나 최북은 화가로서의 자존심이 대단하였다. 산수화를 부탁받고 산만 그리고 물은 그리지 않을 정도로 자신의 그림 세계에 대한 주관이 뚜렷하였다. 또한 자신의 그림을 제대로 볼 줄 모르는 사람에게는 그림을 그려 주지 않았다.

『호산외기』에 최북이 애꾸눈이 된 사연이 기록되어 있다. 어떤 귀인이 최북에게 그림 한 점을 부탁하였다가 거절당하자 협박을 하였다. 최북은 화가 나서 "남이 나를 저버린 것이 아니라 내 눈이 나를 저버린 게야!" 하고는 자신의 눈을 송곳으로 찔러 멀게 하였다고 한다. 이 대목을 볼 때면 광기에 휩싸여 자신의 왼쪽 귀를 자른 화가 빈센트 반 고흐가 떠오른다. 최북이 자신의 눈을 송곳으로 찌르고 구룡연에 몸을 던진 것은 천재적인 예술가들이 지닌 광기였다. 범상한 사람의 눈으로 볼 때는 미치광이처럼 보일지라도 말이다. 고흐도 최북도 세상 사람들이 그들의 잣대로 자신을 바라보는 것에 적잖이 괴로웠으리라.

6부

달인으로 살다

수학자 김영

과학자 이민철

침술의 대가 백광현

마진의 명의 이헌길

수학자 김영

金泳傳

홍길주

"김영과 같이 빼어난 재능을 지닌 자가 아니면 이러한 특례를 적용하지 말라."

김영金泳은 인천仁川 사람이다. 신분이 천하고 살림이 곤궁하며, 용모가 추하고 말도 제대로 하지 못하였다. 그러나 역상曆象과 산수算數 분야에는 거의 하늘이 내린 재능을 지니고 있었다. 그는 스승 없이 혼자 공부하였다. 모르는 것이 있으면 종횡산縱橫算을 펼쳐 놓고 홀로 『기하원본幾何原本』을 가져다가 읽었다. 이윽고 그 책의 이치를 전부 이해하였으며 산수에서는 더 이상 익힐 것이 없었다. 그러나 세상에서 그를 인정해 주는 사람이 없어 갈수록 더욱 궁핍해졌다. 그는 서울로 올라와 객지 생활을 하였다.

때는 정조의 치세라 나라에 별다른 일이 없고 임금은 인재

발탁을 즐겼다. 무릇 특출한 기예를 지녀서 범상치 않다는 이름이 난 자는 아무리 미천한 신분이라 할지라도 발탁하였다. 규장각의 신하 서호수徐浩修, 1736~1799는 산수 분야에서 한 시대의 으뜸가는 인물이라 늘 서운관 제조書雲觀提調를 맡았다. 서운관은 관상감觀象監이다. 서호수는 김영의 명성을 듣고 불러다 몇 마디 대화를 나누어 보고 몹시 기특하게 여겼으며, 자신도 그에게는 미치지 못한다고 생각하였다. 임금이 서호수를 통하여 김영이 특출한 재능을 지녔다는 사실을 알고 매우 특별하게 여겼다.

관상감에서는 천문학을 시험 과목으로 과거를 치러 인재를 뽑았다. 관례상 과거를 거쳐 관직에 나온 자가 아니면 책력冊曆을 만드는 직책을 맡을 수 없었다. 그러나 임금이 특명으로 김영에게 책력을 만들게 하면서 이렇게 단언하였다.

"김영과 같이 빼어난 재능을 지닌 자가 아니면 이러한 특례를 적용하지 말라!"

이렇게 되자 김영의 이름이 크게 알려졌다. 그러나 서운관 사람들은 대놓고 김영을 질시하였으며, 서운관의 규범을 무너뜨리는 것이라고 따졌다. 하지만 임금의 명령이라 감히 큰 소리로 주장하지는 못하였다.

세월이 흘러 정조가 승하하고 서호수도 죽었다. 김영은 임기가 차서 직책을 옮겨 사재감 주부司宰監主簿와 통례원 인의

通禮院引儀를 역임하였다. 그러나 세상에는 김영의 재능을 아끼는 사람도 없고, 그는 성격이 빳빳해 고관에게 아부할 줄도 몰랐기 때문에, 찰방察訪 같은 낮은 자리에도 임용되지 못하고 끝내 파직되었다.

지금의 임금이 등극하신 지 7년째 되는 해에 혜성이 나타났고, 11년에 또 큰 혜성이 나타났다. 혜성이 나타날 때마다 서운관에 천체의 운행을 관측하라고 명하였는데, 김영보다 잘하는 사람이 없었다. 김영을 서운관으로 다시 불렀으나, 서운관 사람들이 더욱 그를 질시하였다. 게다가 정조와 같이 두려워할 대상이 없었기 때문에 떼를 지어 몰려와 김영을 구타하고 상투를 잡아끌기도 하였다.

끝내 김영은 관직에서 파직되어 점점 더 곤궁해지고 생계를 마련하지 못하여 아내도 떠나갔다. 서울에 있을 때 남의 집 아이를 가르치는 훈장 노릇을 했지만 의식주도 마련하기 어려웠다. 또 그의 이름을 말하는 사람도 사라져서 답답해하며 지내다 죽었다.

김영은 더할 나위 없이 산수에 정통하였다. 그가 일찍이 말하였다.

"율려律呂와 역법은 이치가 같다. 역법을 잘할 수 있다면 율려쯤이야 못하겠는가."

그는 율려에도 마음을 쏟았으며, 터득한 것에 대해 확고하게 자신하였다. 또 『주역』을 독실하게 좋아하였다. 그가 지은 『역설易說』과 『악률설樂律說』은 모두 깊이 연구한 결과물이다. 『누주통의漏籌通義』와 『중성기中星記』는 역법에 관한 저술이다. 향년은 60여 세이고 아들 하나를 두었는데 나이가 어리고 떠돌아다녀서 지금은 어디로 갔는지 알 수 없다.

홍자洪子는 말한다.

나는 김영의 삶을 보고 쇠퇴한 세상에서는 아무것도 할 수 없다는 사실을 깨달았다. 아무리 이윤伊尹이나 여상呂尙과 같은 재주를 지녔더라도, 쇠퇴한 세상에서는 이러한 삶에 그치고 말았을 것이다. 더욱이 김영 같은 사람은 말해 무엇하랴!

김영이 처음 역서를 만드는 데 참여했을 때 나의 할아버지인 효안공孝安公 홍낙성洪樂性, 1718~1798께서 서운관을 이끌었는데, 임금께 힘써 아뢰어 그 일을 성사하였다. 그런 인연으로 김영은 우리 집안과 아주 사이가 좋았다. 나는 어려서부터 산술算術을 좋아하여 김영으로부터 직각삼각형에 관해 한두 가지 학설을 배운 적이 있다. 내가 이 분야에 많은 공력을 들여서 저술한 것이 있어 장차 김영에게 보여 주고자 하였다. 그러나 미처 보여 주기도 전에 김영이 죽고 말았다. 이에 그의 사적을 기록하여 그의 삶을 슬퍼한다.

–『표롱을첨縹礱乙幟』 권2

홍길주洪吉周, 1786~1841가 정조, 순조 연간의 수학자 김영1749~1815의 불우한 삶을 기록한 글이다. 김영은 당시 천문학과 수학 분야에서 독보적인 학자였다. 그가 저술한 『신법중성기新法中星記』, 『신법누주통의新法漏籌通義』 등이 현재 전하고 있다.

이 글을 지은 홍길주 역시 수학에 상당한 조예가 있어 『기하신설幾何新說』, 『기하잡쇄보幾何雜碎補』 등을 저술하였다. 홍길주는 어렸을 때 김영에게 수학을 배운 인연으로 그의 전기를 지었다. 홍길주 외에 서유본徐有本, 1762~1822도 김영의 전기를 지었다. 서유본은 김영의 재능을 알아보고 정조에게 그를 추천하였던 서호수의 아들이다.

김영은 소위 천하고 가난한 집 자식이었다. 그는 천문학과 수학에 천부적인 재능을 지니고 있었지만 그의 집은 재능을 길러 줄 여건이 못 되었다. 김영은 독학으로 최고의 경지에 올랐다. 다른 곳을 기웃거리지 않고 자신이 잘하는 분야에 몰두하여 피나는 노력 끝에 얻어 낸 것이다.

그러나 세상은 녹록지 않았다. 과학과 기술을 천시하는 문치주의 사회에서, 그것도 신분이 낮은 김영이 제대로 대접받을 리 만무하다. 다행히 김영은 서호수에게 인정을 받았고, 정조의 특명으로 관상감 관리가 되어 재능을 조금이나마 세상에 펼쳐 보일 수 있었다. 그러나 관상감 관리들은 규범과 관례를 거론하며 불만을 드러냈고, 김영의 재능을 질투하여 그를 따돌렸다. 전문가 집단에서 오히려 전문성을 인정하지 않고 자신들의 권력을 지키기 위해 유능한 전문가를 매장해 버린 것이다. 김영은 결국 곤궁하게 살다가 생을 마감할 수밖에 없었다.

인재가 없다고 한탄할 일이 아니다. 인재를 발굴하고 기르는 제도를 마련하고, 제대로 대접하는 사회 풍토를 조성하는 것이 중요하다. 홍길주가 "김영의 삶을 보고 쇠퇴한 세상에서는 아무것도 할 수없다는 사실을 깨달았다."라고 한탄한 것이, 오늘날 우리 사회를 두고 하는 말은 아닌지 되돌아볼 일이다.

과학자 이민철
李安民傳

김려

*"그의 빼어난 재주는 하늘이 내려 준 것인데
세상의 군자들은 그를 목수에 견주며 천시하였다."*

이민철李敏哲은 영의정을 지낸 문정공文貞公 이경여李敬輿, 1585~1657의 아들이다. 자字는 안민安民이며, 또 다른 자는 영중英中이다. 이민철은 어머니의 신분이 미천하였다.

이민철은 어렸을 때부터 생각이 기발하였다. 예전에 동래 사람이 문정공에게 자명종을 바쳤는데, 문정공이 그것을 늘 책상 위에 두었다. 이민철이 아홉 살 때 아무도 없는 곳으로 자명종을 가져가서 박혀 있는 못을 뽑고 작동 원리를 관찰한 뒤 다시 조립하여 원상태로 돌려놓았다. 그런 다음 대나무를 깎아 못을 만들고 기름 먹인 종이를 사용하여 그 방법 그대로 조금도 어긋남 없이 자명종을 본떠 만들었다. 이민철은 이 일을 계기로 음양을 깊이 연구하여 천문학과 율려학律呂學•을 정밀히 파고든 결과 일체의 천문역법天文曆法과 구궁괘후九宮卦候•에 정통하였다.

이민철은 천성이 맑고 조용하여 속인俗人과 사귀기를 즐기지 않았다. 문정공이 진도珍島로 유배 갔을 때 이민철이 따라갔다. 이민철은 판에다 물길을 새기고 물길에 각각 칸을 만든 다음 칸마다 분촌分寸을 두는 기구를 만들었다. 물이 빙 돌아 기구 가운데로 떨어지도록 해서 12시간을 분별하였다. 또 대나무와 구리를 구하여 물시계漏器를 만들되 기계 장치를 설치하고 물을 이용하여 돌아가게 하였다. 구리로 만든 패牌를 하나씩 쥔 나무 인형 12개가 매 시각마다 나와서 정해진 수만큼 종을 치고 해당 시각이 끝나면 들어가게 하였다.

후에 의주 부윤 정약鄭鑰이 이 소문을 듣고 이민철에게 만들어 달라고 요청하였다. 이것은 진도에서 만든 것보다 더욱 정교하였다.

애초에 천문 기구가 설치되었던 흠경각欽敬閣은 경복궁

• 율려학律呂學 : 율려는 본래 음악 용어로 12율의 양률陽律과 음려陰呂를 통틀어 일컫는 말이다. 전통적으로 율려학은 역학의 음양 사상에 기초를 두었기 때문에 음악뿐만 아니라 천문학이나 기후학 등 천지의 운행을 연구하는 학문과도 밀접한 관련을 맺고 있었다.

• 구궁괘후九宮卦候 : 방위에 따라 기후를 예측하는 것을 말한다. 구궁은 역술易術에서 말하는 아홉 개의 방위로 팔괘八卦의 궁에 중앙궁中央宮을 더한 것이다. 괘후는 팔괘에 절기節氣를 대응시킨 것인데, 절기는 기후의 표준점이 된다.

안에 있었다. 경복궁이 불타자 광해군이 찬성贊成 이충李沖, 1568~1619에게 궁궐 건축을 감독하게 하여 흠경각을 창경궁 서쪽으로 옮겨 지었다. 흠경각 안에 산을 만들고 산 위에는 해와 달을 설치하였으며, 산 사이에 천녀天女와 신녀神女의 무리를 두고, 산 아래에는 밭 갈고 씨 뿌리며 김매고 수확하는 기구를 설치하였다. 아침이면 해가 동쪽에서 떠올랐다가 저녁이면 서쪽으로 지고, 봄에는 김매고 가을에는 수확한다. 기계 장치가 그 아래에 있어 물을 이용하여 돌아가게 하였다.

그 후 흠경각은 오랫동안 버려져 있다가 그 땅이 만수전萬壽殿 터로 들어가게 되었다. 보루각報漏閣은 여전히 동쪽에 남아 있었으나 흠경각에 있던 기물들은 모두 흩어져 다시 알아볼 수 없게 되었다.

기유년1669, 현종10에 문정공 송준길宋浚吉, 1606~1672이 조정에 상소하여 옛 제도대로 복원할 것을 요청하였다. 이에 관상감에 담당 부서를 설치하고 이민철에게 이 일을 주관하도록 명하였다. 이민철은 큰 궤櫃를 만들어 안에 수통水筒과 영도鈴道•와 기계 장치를 설치하였다. 궤의 남쪽에는 혼천의渾

• 영도鈴道 : 수통에서 떨어져 고인 물의 부력으로 수수호受水壺의 잣대가 떠올라 동판銅版 기구를 밀어 올리면 작은 구슬 하나가 동판 구멍에서 굴러 나와 시보時報 장치를 작동하게 되는데, 이때 구슬이 굴러가도록 만들어진 길을 영도라 한다.

天儀를 설치하였는데, 육합의六合儀와 삼신의三辰儀•는 옛 법식대로 만들되 사유의四游儀와 백단환白單環•은 제거하였다. 해와 달이 운행하는 고리를 각각 두고 산과 바다를 그린 지구의를 만들어 혼천의 중앙에 걸어놓았다. 수통으로부터 설치한 기계 장치가 혼천의의 남북극 축에 연결되어 그 힘으로 하늘을 도는 해와 달을 움직이게 하였는데 각기 운행 속도에 정해진 도수度數가 있었다.

큰 궤 서쪽에는 감실龕室을 두었다. 감실 안에는 나무 인형을 넣고 인형 옆에 종을 두었으며, 종 위에는 패牌를 두었다. 매 시각마다 나무 인형이 패를 잡고 종을 치는데 앞의 인형이 들어가면 뒤의 인형이 나왔다. 큰 궤 위에는 수기水器가 있어서 물이 수통 안으로 조금씩 들어갔다. 큰 궤 안팎에 있는 기계 장치들은 모두 수력으로 움직였다. 완성되자 현종이 이민철을 크게 칭찬하고 관직을 제수하였다.

무진년1688, 숙종14에 이민철은 영원 군수寧遠郡守로 있다가

• 육합의六合儀와 삼신의三辰儀 : 혼천의를 구성하는 고리를 말한다. 혼천의는 보통 육합의, 삼신의, 사유의四游儀 3개 층의 고리로 구성된다. 육합의는 맨 바깥층의 고리로 동서남북과 하늘과 땅을 나타내며, 삼신의는 가운데층의 고리로 해와 달과 별을 나타낸다. 사유의는 맨 안쪽층의 고리로 대지와 별이 사계절에 따라 동서남북 네 극으로 옮겨 다니는 것을 나타낸다.

• 백단환白單環 : 혼천의에서 삼신의를 구성하는 고리의 하나이다. 삼신의는 보통 적도환赤道環, 황도환黃道環, 백도환白道環 등으로 구성되는데, 황도환과 교차시켜 백단환을 설치하기도 하였다.

임금의 부름을 받아 다시 자격루를 정비하여, 희정당熙政堂 남쪽 제정각齊政閣에 설치하였다. 이런 일을 하느라 이민철은 더욱 노쇠해졌다. 이민철이 매양 탄식하였다.

"나라에서 역상曆象의 정사를 닦아 옛 보루각처럼 누각을 세워 기구를 설치한다면 나는 나의 재주를 다 발휘할 수 있을 텐데."

이민철은 남달리 총명하여 한 번 본 것은 잊어버리지 않았다. 군수로 있을 때 군적軍籍과 전결田結의 총수를 한 번 보고 외우자 아전들이 속이지 못하고 신기하게 생각하였다.

이민철은 병들고 늙자 저서 수십 편을 지어 자신의 뜻을 전하였다. 그가 말한 원회소장지수元會消長之數•에 의하면 일日은 원元이 되고 원수元數는 1이다. 월月은 회會가 되고 회수會數는 12이다. 성星은 운運이 되고 운수運數는 360이다. 신辰은 세世가 되고 세수世數는 4320이다. 1원元은 12만 9600년年, 4320세世, 360운運, 12회會가 되는 것이다. 이는 모두 소옹邵雍의 『황극경세서皇極經世書』를 사용한 것이나, 사상四象의 체용體用을 말한 부분은 많이 다르다.

• 원회소장지수元會消長之數 : 송나라의 학자 소옹邵雍이 『황극경세서』에서 주장한 우주론이다. 소옹은 이 세계는 원회운세元會運世의 주기에 따라 생성하고 소멸한다고 하였다. 1세는 30년, 1운은 12세, 1회는 30운, 1원은 12회로, 모두 12만 9600년이 되는 1원 동안에 우주가 한 번 생겨났다 없어진다는 것이다.

이민철이 음악에 대해 말한 것은 한漢나라 학자들을 존중하고 신뢰하여 채원정蔡元定[•]과 합치되지 않는다. 또한 풍수와 복서卜筮, 의약에 대해서도 논술한 것이 있다. 그러나 이민철이 죽은 후 자손들이 수습을 하지 못하여 지금은 남아 있는 것이 없다.

이민철은 기이한 재주를 지녔다 할 것이다. 대개 사람에게 재주가 있으면 세상에 쓰일 것이라 생각하지만, 이민철의 경우를 보면 어찌 그가 재주를 다 썼다고 할 수 있겠는가. 그러나 세상에는 재주를 지니고서도 묻힌 채 울울하게 살다가 죽는 사람도 있다. 이런 사람과 비교해 보면, 이민철은 그래도 세상에 쓰였다 해도 괜찮을 것이다.

아, 삼고三古 시대에 전욱顓頊은 중重과 려黎에게 맡겼고, 요 임금은 희씨羲氏와 화씨和氏에게 자문을 구했으며, 순 임금 때는 선기옥형璇璣玉衡이 있었다. 이처럼 왕도王道에서 먼저 힘쓴 것이 천문과 역상이었다. 그런데 근래에는 왕도가 끊어져서 하늘을 공경히 따르는 정치가 없어지고 말았다. 다행스럽게도 하늘이 이민철처럼 빼어난 재주를 지닌 사람을 내

• 채원정蔡元定 : 송나라의 학자이다. 주희朱熹와 교유하였으며, 음악에도 조예가 깊어 『율려신서律呂新書』를 저술하였다.

려 주었는데, 세상의 군자들이 그를 목수에 견주면서 그의 재주를 천시하였다. 아, 슬픈 일이다. 그러나 이민철은 위로는 성군의 지우를 입고 아래로는 어진 신하가 끌어 주어 조금이나마 그의 재주를 펼칠 수 있었다. 어찌 그가 세상에 쓰이지 않았다고 할 수 있겠는가.

예전에 벗 유산楢山 이우신李友信, 1762~1822 선생이 나에게 편지를 보냈다.

"우리 집안에 이재李材라는 진사가 있는데 문정공文靖公 이식李植, 1584~1647의 서제庶弟라오. 도량이 넓고 호탕하며 기이한 기질의 소유자인데 일찍이 말하기를 '제가 젊을 적에 망녕되이 출세에 뜻을 두고 옛사람 중에 일찍 현달한 자를 본보기로 삼아 그렇게 되기를 기대하였습니다. 매양 한 번씩 실패할 때마다 대상을 바꾸었습니다. 감라甘羅, 진秦나라의 책사나 등우鄧禹, 후한의 명신 이하로 몇 번을 바꾸었는지 모르겠습니다. 지금은 강태공 외에는 따를 만한 대상이 없습니다.'라고 하였소. 이재의 말이 우스갯소리 같지만 큰 의미가 담겨 있소이다. 이재 같은 이는 기남자라 할 수 있을 것이외다. 그러나 우리나라는 문벌을 중시하여 이민철 같은 사람도 재주를 다 쓰지 못하였는데 하물며 이재는 어떻겠소."

내가 일찍이 이민철이 만든 수차도水車圖를 본 적이 있다. 왜의 윤차輪車와는 다른데 이민철의 것이 더욱 정교하였다.

이민철은 수차를 독창적으로 만들었다. 물살이 느리면 사람의 힘을 이용하고, 물살이 빠르면 저절로 움직이도록 하여 늘 가뭄에 대비하였다. 그러나 세상 사람들은 이민철이 만든 수차를 능히 사용하지 못하였으며, 지금은 그 제작법조차 전하지 않는다.

–『담정유고 藫庭遺藁』 권9

조선 후기의 과학자 이민철1631~1715의 전기이다. 이민철은 천문과 역학 분야에 정통하였으며 특히 혼천의와 자격루 제작에 뛰어난 업적을 남겼다.

김려金鑢, 1766~1822는 이민철이 관상감에 들어가 1669년에 만들었다는 시계의 제작 과정을 자세히 적어 두었다. 관련 전문가들에 따르면, 세종 이래 전통적으로 수격식水激式 선기옥형을 제작하였는데, 이민철은 사방으로 운행할 수 있게 만든 고리와 옥형 대신 지구의를 남극과 북극 두축에 연결하여 혼천의를 중심에 넣음으로써 지전설地轉說을 입증하였다고 한다. 요컨대 이민철은 전통적인 방법에 서양의 과학 기술을 접목해 새로운 천문 관측 기구를 만들어 낸 것이다. 전통적인 것만 고수하고 서양에서 새롭게 들어온 것을 배격하였다면 이룰 수 없는 결과였다.

이민철은 성능이 좋은 수차水車도 만들었다. 김려 역시 이 점을 특별히 글의 말미에 적어 두었다. 이민철이 만든 수차는 물살의 속도에 따라 자동으로 움직여 가뭄에 효과적으로 대비할 수 있었다. 그러나 널리 보급되지는 못하였다. 위정자들의 관심과 지원이 부족하였기 때문이다.

과학 기술이 발달한 오늘날의 시각에서 보면, 천문 관측 기구를 만들고 수차를 제작한 것이 뭐 그리 대단한 일인가 의문을 품을 수 있다. 그러나 조선 시대에 농업은 백성들의 생계와 국가를 지탱하는 가장 중요한 산업이었다. 농업은 예나 지금이나 기후의 영향을 많이 받으며, 기후는 계절의 변화와 시간이 중요한 변수가 된다. 이러한 변수를 관측하는 과학자의 역할과 책임이 그만큼 막중하였다.

그러나 이민철은 그의 역할에 합당한 대우를 받지 못하였다. 어머니가 미천한 신분이라 출셋길이 근본적으로 막혀 있었다. 더욱이 문신 위주의 조선 사회에서 과학자들은 중시되지 못하였다. 그렇다고 이민철은 신세를 한탄하거나 좌절하지 않았다. 그는 오직 사람들을 위해 자신의 과학적 재능을 마음껏 펼칠 수 있는 기회가 주어지기를 바랄 뿐이었다.

침술의 대가 백광현

白太醫傳

정내교

"그는 서자 집안에서 태어나
침술로 신의, 어의, 숭록대부의 반열에 올랐다."

태의太醫 백광현白光炫은 서자 집안의 자식으로 인조 연간에 태어났다. 사람됨이 순수하고 근실하였다. 향리에 살 때 거짓이 없어서 바보처럼 보이기도 하였다. 키가 크고 수염이 멋졌으며 눈은 형형하게 빛났다.

집이 본래 가난하여 늘 무명으로 만든 헐렁한 옷을 입고 다 해진 삿갓을 썼다. 여유롭게 저잣거리를 다니며 사람들에게 구걸을 하였는데 다들 싫어하였다. 소년들이 혹 발로 차며 욕하고 놀려도 백광현은 웃기만 할 뿐 성내지 않았다.

백광현은 말을 잘 치료하였는데 오로지 침만 사용하였다. 의서에 근본을 두지 않았으나 오래 경험을 쌓을수록 침 놓는

솜씨가 더욱 능숙해졌다. 시험 삼아 사람의 종기를 치료하였는데 종종 기막힌 효험이 있어서 마침내 전문적으로 사람을 치료하게 되었다. 마을을 두루 돌아다니며 종기가 심한 사람을 살피는 동안 의학 지식이 더욱 정밀해졌고, 침술이 더욱 좋아졌다.

예전에는 독이 극성하여 뿌리가 생긴 종기는 제대로 된 치료법이 없었다. 그러나 백광현은 이런 환자를 만나면 반드시 대침을 사용하여 종기를 째서 터뜨리고 독성을 뿌리째 뽑아 죽을 사람을 살려 내었다. 처음에는 침을 너무 과감하게 사용하여 혹 사람이 죽는 경우도 있었다. 그러나 그의 치료 덕분에 살아난 사람이 많아 환자들이 날로 그의 집으로 몰려들었다. 백광현은 의술에 자신감을 가지고 나태함 없이 더욱 노력을 기울였다. 이윽고 명성이 크게 떨쳐 '신의神醫'로 불렸다.

숙종 초년에 어의御醫로 선발되었으며, 공을 세울 때마다 품계가 올라 숭록대부崇祿大夫까지 올랐다. 두루 관직을 거쳐 현감이 되자 여항에서 영광스럽게 생각하였다. 그는 귀하든 천하든 가까운 사이든 모르는 사이든 상관하지 않고 환자를 대하였다. 환자가 요청하면 즉시 달려갔으며, 가서는 반드시 병이 치료될 때까지 정성과 능력을 다 쏟았다. 나이가 들고 귀한 신분이 되었다 하여 일을 그만두지도 않았다. 오직 의술이 뛰어나서 그렇게 한 것이 아니라 천성이 그러하였다.

내가 열다섯 살 때 외숙 강군姜君의 입술에 종기가 나서 태의 백광현을 불러 살펴보게 하였다. 태의가 말하였다.

"고칠 수 없습니다. 이틀 전에만 보았어도 어찌해 볼 수 있었는데 안타까운 일입니다. 빨리 장례 준비를 하십시오. 오늘 밤에 필시 죽을 것입니다."

밤이 되자 과연 그렇게 되었다. 당시 태의 백광현은 몹시 늙었으나 신묘한 식견은 여전하여 환자가 죽을지 살지 조금의 오차도 없이 알 수 있었다. 그가 한창 활동할 때 뉘 집에 가서 누구를 치료했는데 신묘한 효험을 얻어 죽다 살아났다고 하는 말들이 허황된 거짓말은 아니었던 것이다.

태의 백광현이 졸하고 아들 백흥령白興齡이 의업醫業을 이었는데, 대략 유능하다는 평판이 있다. 제자 박순朴淳도 종기를 잘 치료하는 것으로 유명하다. 지금 종기를 째서 터뜨리는 치료법은 태의 백광현이 시작한 것으로, 후학들이 전수하여 경험방經驗方을 만들었다. 그러나 그의 자손들이나 이를 배운 사람 모두 백광현의 실력에 미치지 못한다. 치료하기 어려운 독성 종기를 앓는 사람들은 탄식하며 이렇게 말한다.

"이 세상에 백광현이 없다. 아, 죽을 따름이다."

–『완암집浣巖集』 권4

조선 후기의 어의 백광현1625~1697의 전기이다. 흔히 조선 시대의 어의라고 하면 『동의보감東醫寶鑑』을 편찬한 허준許浚, 1539~1615을 떠올린다. 허준은 어의로 활약하면서 다양한 의서를 편찬하고 이를 한글로 번역하여 보급하는 등 의학의 표준화와 대중화에 크게 기여하였다. 우리 전통 의학사에서 한의학의 수준을 높인 대표적인 인물이라 할 수 있다. 드라마로도 제작되어 인기를 끌었는데, 공이 대단히 컸음에도 중인이라는 신분적 한계로 대신들의 반대에 부딪혀 높은 관직에 오르지 못하는 장면을 보며 분개하였던 기억이 난다.

조선 시대에 의술은 주로 중인이 담당하였다. 백광현은 중인은 아니나 서자 집안 출신이었다. 이 글을 지은 정내교鄭來僑, 1681~1759는 중인이다. 어린 시절 집안에서 백광현의 의술에 대해 들은 것이 계기가 되어 이 전기를 지었다.

백광현은 젊은 시절 집안이 가난하여 저잣거리를 떠돌아다니며 구걸을 하고 놀림도 많이 받았다. 그러나 그는 독학으로 의술을 익혀서 침술의 권위자가 되었고, 후에 어의에 오른 입지전적 인물이다. 『현종실록』과 『숙종실록』에는 백광현이 침술을 활용하여 현종과 숙종의 종기를 치료한 기록이 보인다. 이러한 공로를 인정받아 1691년숙종17에는 지중추부사가 되었으며, 이듬해에는 종1품 숭록대부까지 올랐다.

필자는 이 글을 읽으며 두 가지 점에 주목하였다. 첫째는 새로운 것을 두려워하지 않는 도전 정신이다. 백광현은 종기 치료에 획기적인 전환을 가져왔다. 그는 대침을 이용하여 종기를 째서 뿌리를 뽑는 외과 치료법을 사용하였다. 기존 의술을 답습하지 않고 자기 나름대로 연구한 결과였다. 물론 새로운 치료법을 완성하기까지는 위험이 따르기 마련이다. 처음에는 사람이 죽는 경우도 있었다. 그러나 백광현은 위축되거나 좌절하지 않고 자신의 경험과 침술을 믿고 끝까지 도전하여 새로운 치료법을 개발하였다.

두 번째는 직업에 대한 사명감이다. 백광현은 임금을 치료하는 어의에 올랐고 '신의神醫'라는 명성을 얻게 되었음에도 의사로서 본분을 잊지 않았다. 환자가 부르면 즉시 달려가 병이 치료될 때까지 정성을 다하였다. 또한 귀천에 상관없이 환자를 동등하게 대우하였다. 백광현은 늙어서도 일을 멈추지 않았으며 죽는 날까지 사람들을 위해 의술을 펼쳤다. 백광현은 우리들에게 직업 정신과 직업 윤리를 되돌아 보게 한다.

마진의 명의 이헌길
蒙叟傳

정약용

"예법에 구애되어 환자를 모른 체하고 떠난다면 어질지 못한 것이다."

이헌길李獻吉은 자字가 몽수夢叟이고, 또 다른 자는 몽수蒙叟이다. 왕가의 후손으로 정종定宗의 서자인 덕천군德泉君 이후생李厚生이 그의 선조이다. 이후생 이후로 가문이 대대로 빛났는데, 이조 판서 이준李準이 더욱 현달하였다.

몽수는 어려서부터 총명하고 기억력이 남달랐다. 장천長川 이철환李嘉煥 선생 문하에서 공부하며 다양한 종류의 책을 두루 읽었다. 얼마 지나지 않아 의서『두진방痘疹方』을 보고는 남들 모르게 홀로 잠심하여 연구하였다.

을미년1775, 영조51 봄, 몽수가 일이 있어 한양에 갔을 때 마침 마진痲疹, 홍역이 크게 번져 어린 나이에 죽는 백성이 많았다. 몽수는 병을 고치고자 하는 마음은 있었으나, 상중喪中이라 어찌할 도리가 없어 묵묵히 발길을 돌렸다. 막 교외로 나왔을 때 관을 메거나 들것을 지고 시체를 나르는 사람이 잠깐 사이에 100여 명이나 되는 것을 보았다. 몽수는 마음이 아파 혼잣말을 하였다.

"내게는 병을 고칠 수 있는 의술이 있다. 예법에 구애되어 모른 체하고 떠난다면 어질지 못한 것이다."

마침내 몽수는 친척 집으로 되돌아와 자신이 터득한 비법을 발휘하였다. 몽수의 처방을 받은 환자 중에 위중했던 사람은 병세가 안정되었고, 기맥이 거꾸로 흐르던 사람은 순탄하게 되었다. 열흘 동안 환자를 치료하였는데 그의 명성이 크게 퍼져 울부짖으며 구해 달라고 날마다 문과 거리를 가득 메웠다. 지체가 높은 자라야 겨우 방 안으로 들어올 수 있었으며, 미천한 자는 요행히 계단 아래에 이르러도 더러는 날이 저문 뒤에야 그의 얼굴을 볼 수 있었다.

몽수는 마진에 대해 환히 알고 있으므로 몇 마디 말만 들어도 증상을 헤아려서 바로바로 처방을 써서 돌려보냈다. 몽수의 처방을 받은 사람들은 모두 즉시 효과를 보았다. 몽수가 때때로 집을 나서 다른 집으로 환자를 보러 가면, 수많은 사람들이 앞뒤에서 둘러쌌는데 그 모습이 마치 벌 떼가 움직이는 것 같았다. 몽수가 가는 곳에는 뿌연 먼지가 하늘을 덮었으니, 사람들은 그 모습만 보고도 몽수가 온다는 것을 알았다.

하루는 못된 무리의 꼬임에 빠져 어느 궁벽한 곳으로 말을 타고 갔는데, 그들이 문을 잠그고 몽수를 가두어서 사람들이 그의 종적을 찾을 수 없었다. 성안의 사람들이 몽수를 찾는 일로 떠들썩하였다. 어떤 사람이 몽수가 있는 곳을 알려주자, 여러 사람이 몰려가 문을 부수고 그를 꺼냈다. 어떤 사람은 성난 기색을 띠고 몽수의 면전에서 욕을 하였다. 심지어 어떤 사람은 때리려고도 하였는데, 다른 사람의 도움으로 모면할 수 있었다.

몽수는 온화한 말투로 사람들에게 사과하고 재빨리 처방을 써 주었다. 혼자서 이 일을 다 감당하기 어렵다고 느껴, 병을 치료하는 여러 가지 방법을 입으로 불러 주어 사람들에게 실행하도록 하였다. 그러자 궁벽한 시골의 선비들이 마치 경서처럼 몽수의 처방을 너도나도 베껴서 전파하였다. 비록 의술에 어두운 사람이라도 그대로만 하면 역시 효험이 있었다.

세상에는 몽수와 관련된 다음과 같은 이야기가 전한다.

어떤 아낙이 남편을 구해 달라고 요청하자 몽수는 이렇게 말하였다.

"당신 남편의 병은 매우 위중하다오. 한 가지 약이 있지만 당신은 사용하지 못할 것이오."

아낙이 극구 알려 달라고 하였지만 몽수는 끝내 말해 주지 않았다. 남편을 살릴 수 없다고 생각한 아낙은 독약인 비상을 사 가지고 집으로 돌아와 술에 타서 선반 위에 올려놓았다. 남편이 죽으면 장차 따라 죽으려고 한 것이다. 아낙이 잠깐 문밖에 나가서 울다 들어와 보니 술잔이 이미 비어 있었다. 남편에게 물어 보니 목이 말라서 마셨다고 하였다. 아낙이 급히 몽수에게 달려가 구해 달라고 하였다. 몽수는 이렇게 말하였다.

"신기한 일이오. 내가 전에 말했던 약이 바로 남편이 마신 그 독약이오. 나는 당신이 독약을 쓰지 못할 것이라고 생각하여 알려 주지 않았던 것이오. 지금 당신 남편이 살아난 것은 천운이외다."

아낙이 집에 돌아가 보니 남편의 병이 나아 있었다.

몽수는 성품이 소탈하였다. 12년 뒤에 마진이 다시 유행할 것이라고 예언했는데, 그때가 되자 과연 그의 말대로 되었다. 천연두에 관한 일도 신기하게 적중한 것이 많았다.

외사씨外史氏는 말한다.

내가 몽수를 만나 보니 광대뼈가 튀어나온 코주부였으며, 담론을 좋아하고 늘 웃는 얼굴이었다. 앞 시대 인물 중에 유독 윤휴尹鑴, 1617~1680를 흠모하여 말하기를 "백호白湖, 윤휴는 덕을 이룬 정암靜菴, 조광조이고, 정암은 덕을 이루지 못한 백호이다."라고 하였다. 이것은 대개 예로부터 있던 의론이나 군자는 그렇게 생각하지 않는다.

–『여유당전서與猶堂全書』 시문집 제17권

전염병인 마진 치료로 명성이 높았던 조선 후기의 의사 이헌길의 전기이다. 그의 생애에 대해서는 알려진 바가 거의 없다. 다만 이 글을 지은 정약용丁若鏞, 1762~1836의 「시골집에서 병으로 누워田廬臥病」라는 시의 주석에서 이헌길이 지어 준 약을 먹고 30일 만에 병이 나았다고 한 것을 보면, 정약용이 알고 지내던 의사인 듯하다. 정약용이 『마과회통麻科會通』이라는 의서를 편찬하면서 이헌길이 지은 『을미신전乙未新詮』을 참조하였다는 기록도 보인다. 『을미신전』은 『마진기방麻疹奇方』을 말하며, 필사본 1책으로 현재에도 전한다. 이헌길은 을미년에 한양을 휩쓸었던 마진을 치료하였는데, 이때의 경험과 의학 지식을 바탕으로 『마진기방』을 엮었다.

이 글을 통해 환자를 사랑으로 대하는 이헌길의 면모를 엿볼 수 있다. 못된 무리의 꼬임에 빠져 곤경을 당하였을 때, 사람들이 몰려와 자신들을 치료해 주지 않는다고 욕하고 때리려 해도, 이헌길은 온화한 말투로 사람들에게 사과하고 재빨리 치료해 주었다. 죽을병에 걸린 어떤 사람이 결국 독약인 비상을 마시고 살아난 일화는 퍽 흥미롭다.

필자는 이 글을 읽으며 이헌길이 의사의 길로 접어들기까지 겪었던 고민에 주목하였다. 이헌길은 비록 서족庶族이기는 하나, 왕족의 후손이다. 그는 이철환의 문하에 들어가서 여느 사대부 자제들처럼 공부하였다. 그러다가 『두진방』이라는 의서를 보고 의술에 뜻을 두었다. 그러나 의학 공부는 '남들 모르게' 할 수밖에 없었다. 의술은 중인이나 하는 천한 것이었기 때문이다. 이헌길은 세상의 시선이나 통념과 싸우면서 외롭게 공부하며 의술을 터득하였다.

이헌길은 한양에 갔다가 마진에 걸려 죽어 가는 사람들을 보며 고민에 빠졌다. 자신에게는 사람을 살릴 의술이 있으나 상중喪中이었다. 상중에는 예법에 따라 관직도 그만두고 일체의 행동을 삼가며 지내야 한다. 이헌길은 결국 예법에 구애되어 죽어 가는 사람을 모른 체한다면 이는 인仁이 아니라며 결단을 내렸다. 예법보다 중요한 것이 사람의 목숨이고, 이 목숨을 살리는 것이 곧 인을 베푸는 것이라 생각한 것이다.

이처럼 이헌길은 사회 통념과 예법의 구속을 극복하면서 의사로서 자기 존재를 이룩하였다.

7부

자신의 삶을 기록하다

우천은자 정칙

함화자 양진영

향은선생 이장찬

계원퇴사 김창희

우천은자 정칙
愚川隱者傳

정칙

"뚜벅뚜벅 내가 좋아하는 길을 걸어갈 뿐
남들이 비난하는 것은 내 알 바 아니다."

객이 찾아와 나에게 말하였다.

"학산鶴山의 북쪽에 그윽하고 깊은 계곡이 있는데 이름하여 '우천愚川'이라 합니다. 어떤 노인이 그곳에 와서 사는데 출신지가 어디인지 모르며, 성과 이름을 물어보아도 말하지 않습니다. 다만 '나는 어리석은 사람이외다. 그래서 이 우천을 택하여 사는 것이라오.'라고 합니다. 그가 하는 것을 보면 거짓으로 하는 말은 아니었습니다."

"그는 어떠하던가요?"

"용모는 못생긴 것도 잘생긴 것도 아니며, 복장은 화려하지도 남루하지도 않습니다. 거처는 넓지도 좁지도 않으며 음식은 사치스럽지도 검소하지도 않습니다. 재산을 불리는 일에 관심이 없고 겉으로 드러나는 것에 힘쓰지 않으며 남들과 왕래하는 것을 기꺼워하지 않습니다. 홀로 방안에 거처하며 성현의 잠훈箴訓을 걸어 두었는데, 비록 그것을 마음으로 좋아하면서도 능히 실천에 옮기지는 못하였습니다.

세상이 명예와 이익을 탐하고 겉치레와 습속에 얽매이는 것에 분노하였습니다. 『장자』를 읽을 때마다 마음이 깨끗해지고 깨어난다고 스스로 생각하였습니다. 이 책을 하루도 읽지 않은 적이 없으며 '이 책은 내 마음을 씻어 주는 경전이다.'라고 하였습니다.

한가한 날이면 산수로 유람을 즐겨 다녔으며, 소요하다가 집으로 돌아오는 것도 잊었습니다. 흥이 나면 시를 지었는데 구를 배열하거나 운자를 맞추는 따위에 그다지 공을 들이지는 않았습니다. 오직 마음속 생각을 풀어 내는 데에 집중하였으며 근체시로 할지 고체시로 할지 상황에 맞게 하였습니다.

타고난 성품이 술을 좋아하나 누군가에게 술잔을 올리는 것은 좋아하지 않았습니다. 술에 취해 웃고 떠드는 것을 좋아하지 않아 적당히 취기가 오르면 곧 멈추고 더 마시지 않았습니다. 술에 취해 주정하며 호기를 부리는 자를 보면, 반드시 눈살을 찌푸리며 혼을 내서 쫓아 버렸습니다.

좋은 손님과 아끼는 벗이 하루도 없는 날이 없었습니다. 그러나 마음속에 경계를 만들어 놓고 속으로 많이 따지는 사람과는 대면하기를 싫어하였으며, 대면할 때면 즐거워하지 않았습니다. 그런 까닭에 어떤 사람들은 그를 원망하기도 하였습니다. 머물고자 하는 사람을 싫어하지 않고 가려고 하는 사람을 잡지 않아 그와 아주 가깝게 지내는 사람이 없었습니다. 귀로 들은 것은 반드시 입으로 토해 내고 눈으로 본 것은 마음에 담아 두지 않아 그를 아끼는 사람도 드물었습니다. 은자 역시 스스로 이를 병으로 여겼으나 끝내 고칠 수 없었습니다.

의리를 들어도 나약하여 감히 실행하지 못하였으며, 이익을 보아도 부끄러워 기꺼이 취하지 못하였습니다. 권세를 불처럼 두려워하였으며 명성을 오물처럼 피하였습니다. 스스로 말하기를 '영화가 없다면 어찌 욕을 당하겠으며, 얻는 것이 없다면 어찌 잃어버리겠는가. 세상을 경영하는 것은 나의 뜻이 아니요, 학문에 힘쓰는 것은 나의 일이 아니다. 안연顔淵의 어리석음,• 고시高柴의 어리석음,• 영무자寧武子의 어리석음•은

• 안연顔淵의 어리석음 : 안연은 공자의 제자이다. 공자는 안연을 칭찬하며 "내가 안연과 함께 온종일 이야기하였으나 어리석은 사람처럼 내 말에 반대하지 않더라. 물러간 뒤에 그가 생활하는 것을 살펴보니, 내 뜻을 충분히 발휘하였다. 안연은 어리석지 않다."라고 하였다.

• 고시高柴의 어리석음 : 고시는 공자의 제자이다. 공자는 "고시는 우직하다."라고 평하였다.

• 영무자寧武子의 어리석음 : 영무자는 춘추 시대 위衛나라 대부인 영유甯兪이다. 공자는 "영무자는 나라에 도가 있을 때는 지혜롭고, 나라에 도가 없을 때는 어리석었으니, 그 지혜는 따를 수 있으나 그 어리석음은 미칠 수 없다."라고 하였다.

모두 내가 어리석다 여기는 바가 아니다. 나의 천성에 맡겨 두고 나의 천진天眞을 즐기며 내 배를 채우고 내 마음에 맞으면 그뿐이다. 홀로 뚜벅뚜벅 내가 좋아하는 길을 걸어갈 뿐, 남들이 비난하거나 비웃는 것은 내가 알 바 아니다.'라고 하였습니다."

객의 이야기를 듣고 내가 말하였다.

"은자가 하는 일이 참으로 어리석구려. 노자는 '큰 지혜는 어리석음과 같다.'라고 하였지만, 나는 이 말을 믿지 않습니다. 그러나 덕을 온전히 지키는 자는 외물이 흔들 수 없고, 어리석음을 순수하게 지키는 자는 작은 지혜로 변화시킬 수 없는 법입니다. 지금 은자는 자신의 어리석음이 아직 미진하다고 생각하여 우천愚川을 택하여 살고 있으니, 그는 어리석음을 더 순수하게 지키고자 하는 것이 아니겠습니까. 그대는 비록 지혜로운 사람이지만, 그렇다고 저 사람의 어리석음을 바꿀 수는 없습니다. 이제부터는 그만두고 더는 말하지 마시오."

나그네는 아무 대꾸도 하지 않고 떠나갔다.

–『우천집 愚川集』 권5

조선 후기의 학자 정칙鄭侙, 1601~1663이 자신의 삶을 기록한 자전自傳이다. 제목의 '우천은자愚川隱者'는 정칙 자신을 가리키는데, '우천에 은거한 사람'이라는 뜻이다. '어리석은 시내'라는 뜻의 우천은 경북 안동 학가산鶴駕山 북쪽에 있는 골짜기 이름이다. 정칙은 이곳에 터를 잡고 살면서 자신의 호를 '우천'이라 하였다.

정칙은 본관이 청주, 자字는 중칙仲則이며 경북 안동 출신이다. 광해군 연간에는 세상이 혼탁하다 하여 출사를 포기하고 독서에 전념하였다. 인조반정 후 1627년인조5 사마시에 입격하여 참봉이 되었다. 1636년 「논시사언죄論時事言罪」를 지어 일곱 가지의 시폐를 개혁할 것을 요구하였다. 병자호란 뒤 청나라와 강화가 이루어지자 낙향하고 다시는 벼슬에 나가지 않았다. 정칙은 1652년효종2 52세 때 우천으로 거처를 옮겼는데, 「우천은자전」은 바로 이즈음에 지은 것으로 보인다.

자전은 도연명의 「오류선생전五柳先生傳」을 전범으로 하여 창작된 경우가 많다. 도연명은 자신을 '오류선생'이라는 제삼자에게 가탁하여 자신의 생활을 마치 남의 이야기처럼 서술하였다. 그런데 「우천은자전」은 이와는 달리 '객'과 '나'와의 대화로 이루어져 있다. 객이 나를 찾아와 우천은자에 대해 이야기하고, 나는 이를 듣고 객에게 논박하는 구성이다. 객은 우천은자의 용모와 생활, 독서와 취미, 교우 관계 등을 하나씩 늘어놓는다. 은자는 세속적 명리나 교유 따위에는 관심을 두지 않고 『장자』를 읽으며 산수 유람을 즐기는 그야말로 유유자적한 생활을 한다.

그런데 객의 말 속에는 부끄러움도 간간이 묻어 있다. 우천은자가 성현의 가르침을 좋아하지만 이를 실천에 옮기지는 못하고, 의리를 들어도 나약하여 감히 실행하지 못하였다는 것이다. 이는 나라가 어려울 때 지식인으로서 역할을 다하지 못한 자괴감을 표현한 것이다. 은자가 어리석은 사람이라 자처한 것도 이 때문이다.

객의 이야기를 들은 '나'의 반응을 곱씹어 볼 필요가 있다. '나'는 은자가 우천에 은거한 것은 어리석음을 더 순수하게 지키고자 하는 행위라고 두둔하였다. 전근대 시대에 선비의 출처는 공자가 말한 "세상에 도가 있으면 나아가 실천하고, 도가 없으면 물러나 숨는다."라는 것이 기준이었다. 이 출처관에 입각해 볼 때, 정칙이 우천에 은거한 것은 정당하다. 정칙뿐 아니라 당시의 많은 선비가 오랑캐인 청나라가 천하를 지배하는 시대를 도가 없는 시대라고 인식하였기 때문이다. 이렇게 보면 우천은자는 정말로 '어리석은' 사람이 아니며, 도를 독실하게 지키는 사람이 된다. 요컨대 정칙은 출처에 대한 고민과 은거의 정당성을 말하기 위해 객과 나의 논쟁이라는 독특한 방식의 자전을 구성한 것이다.

함화자 양진영
含華子傳

양진영

"지금 사람과 함께 살면서 옛날의 도를 사모하고
좋아하는 바를 따라 유유자적 살다 생을 마치려네."

함화자含華子는 성이 아무 씨이고 이름은 아무개이며 가계家系는 동영東瀛, 제주에서 나왔다. 선조 대대로 높은 벼슬에 올라 문벌을 이루었으나, 지금은 강등되어 평범한 가문과 마찬가지가 되었다.

함화자는 선친에게 교육을 받았다. 아홉 살에 『소학小學』을 읽기 시작하고, 열 살 이후 경서經書와 사서史書, 제자서諸子書 등을 두루 보아 대의를 대략 섭렵하였다. 조금 성장해서는 과거 공부에 뜻을 두었다. 시라는 것은 사람의 재주와 생각을 드러낼 수 있는 것이므로 그 극치까지 밀고 나가면, 생황과 노래와 어울리고 교제郊祭와 묘제廟祭에 올라 도도하게 흐르고 낭랑하게 울려서 나라의 거룩함을 노래하게 된다고 생각하였다. 그래서 고시 수백 편과 근체시 900여 수를 지었다.

「예문지藝文志」에 이르기를 "높은 데에 올라가 시를 읊을 줄 알아야 대부大夫라 할 수 있다."라고 하였다. 함화자는 굴원屈原과 송옥宋玉으로부터 자잘하게 꾸민 한漢나라의 부賦에 이르기까지 모두 익혔다. 변려문은 왕발王勃과 양형楊炯을 본받았으며 대책對策은 가의賈誼와 동중서董仲舒를 본떴다. 여기에 과장科場의 과체科體로 지은 잡다한 글까지 더하여 지은 글이 마침내 글 상자를 가득 채웠다.

그러나 시문時文, 과거 답안에 쓰던 변려문을 협소한 것으로 생각하여 시문에 뛰어난 자로부터 냉대를 받았다. 이로 인하여 여러 차례 과거에 응시하여 초시初試에는 합격하였으나 문과에 합격하여 벼슬에 나아가지 못하고 풍진 세상에서 고생하였다.

이에 강해江海에서 나그네로 살아간 지 17년이 되었다. 어부와 나무꾼에 섞여 지냈는데, 그를 알아주는 사람이 없어도 마음에 불만이 없었다. 일찍이 시를 읊조리며 자신의 감정을 풀어 내었다.

비석 받침돌은 세월에 잠기었고
작은 집을 강 하구에 지었네

바닷가 서로 만나는 곳에는
적막함 위로해 줄 사람이 없구나
龜趺淹歲月　蟹屋架江潮
海上相逢處　無人慰寂寥

이제야 조용하고 한가해져서 사물의 변화를 궁구하고자 하였다. 그리하여 곁으로 천문, 지리, 석가, 노자, 기백岐伯과 황제黃帝 등을 탐구하였다. 성률聲律과 운학韻學의 방도에 대해서는 본류까지 거슬러 올라갔는데, 비록 궁극에까지 도달하지는 못하였으나 각각 그 형체는 엿보았다. 수십 권의 책을 지었지만 얼마 후 모두 불태워 버리며 이렇게 말하였다.

"학술이 정밀하지 못하면 아예 말하지 않는 것이 더 낫다. 그런 학술에 힘쓰기보다는 차라리 유학에 마음을 다하는 것이 낫지 않겠는가."

그는 산수를 두루 유람하며 풍토가 좋은 곳에서 훌륭한 풍속을 노래하였다.

만년에 고향으로 돌아와서는 벗에게 부모의 고향을 떠나지 않겠다는 심경을 토로하였다. 깊은 산속 궁벽한 터, 샘 맑고 녹음 짙은 곳에 초가를 짓고 독서하며 스스로 즐기려고 한 것이다. 그러나 이렇게 할 여유가 되지 않자 탄식하며 말하였다.

"세상에 쓰이는 것과 버림받는 것, 세상에 나아가 도를 행하는 것과 물러나 은거하는 것, 이는 모두 운명에 달려 있는 것이지 내가 어떻게 할 수 있는 것이 아니다. 성명性命의 근원을 탐구하고 의리義理의 귀결을 연구하여 내 자신을 깨끗이 닦을 뿐이다."

또 풍속에 모범이 될 만한 자료를 후세에 전하는 것을 옛 성현들이 높게 평가했다고 생각하였다. 그는 사서四書를 가져다 잠심하고 숙고하였으며 위로 육경六經에 이르렀다. 이런 공부의 성과를 분류하여 편집하고 간간이 자신의 견해를 덧붙여 『성학소문聖學謏聞』이라는 책을 만들었다.

동중서의 학문은 체體는 있으나 용用이 없고, 한유韓愈의 학문은 용은 있으나 체가 없는데, 선배 유학자들이 이를 병폐로 여겼다. 이미 체가 있다면 용이 없어서는 안 된다. 그는 평소 이렇게 말하였다.

"세상이 나를 알아주지 않는다. 만약 나를 알아주어 벼슬에 나가게 된다면 어떻게 하겠는가? 이에 시무時務에 절실하여 정치의 폐단을 고치고 백성을 구제할 수 있는 방안을 수십 편의 책문으로 지어 『희령집稀苓集』이라는 이름으로 엮었다. 아! 사람이 아무리 어리석다 하여도 반드시 한 번은 쓰일 기회가 있는 법이다. 만약 취하는 자가 있다면 또한 나의 뜻이 어디 있는지 알 수 있을 것이다."

함화자는 키가 일곱 자가 넘을 정도로 건장하나 기질이 연약하고 의관이 평범하였다. 분잡하고 화려한 곳에 있더라도 마음은 산의 구름과 계곡에 있었다. 비록 곤궁하게 지냈지만 그가 지키는 것은 고결하고 청렴한 것이었다. 교유할 때에는 차마 교제를 가벼이 끊지 못하였으며, 남의 선행을 들으면 기뻐하며 칭찬하였다. 다만 성품이 편협하여 악을 매우 미워하였으나 감히 사납게 굴지는 못하였다.

일찍이 자신의 화상찬畫像贊을 지었다.

볼록 튀어나온 이마에 수려한 눈썹
계기처럼 즐겼고• 장강처럼 어리석었지•
성현의 책을 즐겨 읽으면서도 그 맛을 몰랐고
빼어난 산수를 찾으며 부귀를 추구하지 않았지
지금 사람과 함께 살면서 옛날의 도를 사모하고
유유자적 살다 생을 마치니 제 좋아하는 바를 따랐네
有凸其顙　有秀其眉

- 계기처럼 즐겼고 : 계기啓期는 춘추 시대의 은자 영계기榮啓期이다. 그는 빈천한 생활을 하였지만 이를 걱정하지 않고 언제나 즐겁게 생활하였다. 공자가 즐거워하는 이유를 묻자 "사람으로 태어난 것이 첫 번째 즐거움이고, 남자로 태어난 것이 두 번째 즐거움이고, 내 나이 벌써 구십다섯인 것이 세 번째 즐거움이다."라고 대답하였다.
- 장강처럼 어리석었지 : 장강長康은 진晉나라의 화가 고개지顧愷之로, 장강은 그의 자이다. 고개지는 재절才絶, 화절畫絶, 치절癡絶의 삼절로 일컬어졌는데, 뛰어난 재주와 시속에 부합하지 못하는 어리석음이 섞여 있다는 평가를 받았다.

啓期之樂　長康之癡

讀聖賢書　嗜而忘味

遇泉石勝　不慕富貴

今人與居　慕古之道

優遊卒歲　從好所好

초년에는 한유와 범중엄范仲淹 등의 현인을 우러러보았다. 만년에는 『주자전서朱子全書』를 손에서 놓지 않았다. 『이천격양집伊川擊壤集』을 좋아하여 그 체재를 본떴다. 예를 들어 '좋은 꿈은 필시 사려가 적은 데서 연유하고, 감춰진 기미는 귀신이 먼저 아네.好夢必因思慮少, 陰機先有鬼神知.'와 같은 구절은 거의 소옹邵雍에 근접하였다 할 것이다.

서른 남짓 되었을 때 아들을 낳았는데 아들에게 다음과 같이 늘 경계하였다.

"마음을 다스리는 데는 경건만 한 것이 없고, 학문을 진보시키는 데는 정성만 한 것이 없으며, 처신하는 데는 공정만 한 것이 없다. 너는 반드시 유념해야 한다."

계사년1833, 순조33 겨울에 함화자가 이와 같이 스스로 서술하는 바이다. 이후의 일들은 무어라 말할지 모르겠다.

– 『만희집晩羲集』 권11

조선 후기의 학자 양진영梁進永, 1788~1860이 지은 자전이다. 양진영은 본관이 제주, 자는 경원景遠, 호는 만희晩羲·재원梓園·학음鶴陰·함화자含華子이다. 전라도 화순 출신이다. 몰락한 양반 가문에서 태어나 어렸을 때 아버지에게 학문을 배웠다. 여러 번 향시에 합격하였으나 번번이 문과에 낙방하다가 죽기 1년 전인 1859년철종10 72세 때 겨우 증광 진사시에 합격하였다. 늦은 나이라 별다른 관직을 얻지는 못하였다. 평생을 고향에서 학문에 매진하는 한편, 출사를 목표로 반복하여 과거에 응시하는 삶을 살았다.

「함화자전」은 46세에 지은 것이다. 이 글에는 양진영의 학문을 향한 열의와 세상에 나아가 뜻을 펴고자 하는 의지, 한편으로는 세상에 쓰이지 못하는 데서 오는 고민 등이 복합적으로 드러나 있다. 특히 어렸을 때부터 자신이 공부한 내용과 저술을 자세하게 기록해 놓았다. 젊은 시절 노장老莊과 불교, 천문, 지리, 의학 등 다양한 학문을 섭렵하다가 끝내 경학으로 귀결한 점, 학문의 방향을 체體와 용用의 조화에 둔 점 등을 특기하였다. 체는 사서육경을 공부하는 것이고 용은 시무책을 수립하는 것인데, 그 결과물이 각각 『성학소문』과 『희령집』이다. 양진영은 자신이 계속 과거에 응시한 이유가 학문이란 세상에 쓰일 때 의미가 있다는 나름의 소신 때문이었음을 강조하고 싶었던 것으로 보인다.

그렇다면 양진영은 자신을 왜 '함화자'라 했을까? 이 글에서도 그러하거니와 그의 문집인 『만희집』에서도 자신을 '함화자'라 칭한 이유를 밝혀 놓지 않았다. '함화'는 재주를 숨기고 세상에 드러내지 않음을 비유하는 말로 쓰인다. 어렸을 때부터 출사를 목표로 공부한 양진영은 향시 합격과 문과 불합격이 여러 번 반복되면서, 46세라는 적지 않는 나이에 그간의 삶을 되돌아보며 앞으로 어떻게 살아야 할지 고민하지 않을 수 없었다. 만년에 『주자전서』와 『이천격양집』을 애독하였다고 하였듯이, 결국 양진영이 택한 길은 은거하여 성리학을 연구하는 학자가 되는 것이었다. 자신을 '함화자'라 칭한 이유가 여기에 있을 것이다.

향은선생 이장찬

薌隱先生傳

이장찬

*"나의 계책은 필시 세상에 쓰이지 못하고
나의 말은 끝내 믿음을 얻지 못할 것이다."*

세상에 향은선생薌隱先生이라는 사람이 있다. 사는 곳에 만향蔓香 나무 한 그루가 있는데, 선생은 이 나무의 가지를 엮어 집처럼 만들고 그 아래를 소요하였다. 그러나 감히 향이 좋은 사물에 자신을 빗대지 못하고, 다만 '향香'과 '향薌'이 글자는 다르지만 의미가 대략 비슷하다는 것을 취하여 '향은선생'이라 자호하였다.

'은隱'이라 한 것은 세상을 피해 벼슬하지 않는다는 의미로 말한 것이 아니다. 선생은 본디 재주와 덕이 없기 때문에 스스로 은거하게 된 것이다. '선생'이라 한 것은 후학들이 선유先儒를 스승으로 받드는 칭호로 붙인 것이 아니다. 선생의 성명을 세상에서 알아줄 사람이 없기 때문에 억지로 그렇게 붙인 것이다.

선생의 가문은 대대로 유학을 닦는 집안이다. 매우 가난하였는데 평소 세속의 이익과 녹봉을 추구하지 않았다. 아내가 옷을 주면 입고 밥을 주면 먹을 뿐이었다. 비록 돈 한 푼, 비단 한 자라도 집안에서 어디다 얼마나 쓰는지 관심을 두지 않았다. 집이 있는 나그네나 아내를 둔 홀아비로 자처하였다. 이 때문에 마을 사람들이 모두 그를 비웃었다.

선생은 오히려 태연자약하며 사람들의 시선에 조금도 개의치 않았다. 낮에는 밭 갈고 밤에는 글 읽는 것을 즐거운 일로 삼았다. 배고픔을 참고 추위를 견디는 것을 자기의 분수로 여겼다.

남이 알아줄 만한 재주와 능력이 없으나 무릇 세상의 칭찬과 비난, 이해와 득실 따위에 대해서는 천명을 핑계 대곤 하였다. 남에게 청탁을 하거나 돈을 빌려 달라고 한 적이 없으며, 사람들과 시비를 다툰 적이 없다. 사람들은 더러 선생이 검소하고 겸손하며 조용하고 단정하다고 칭찬하였는데, 그럴 때면 선생은 이렇게 말하였다.

"아주 지혜로운 자가 아니면 어찌 기질과 물욕에 구애되지 않을 수 있겠는가. 나에게 있는 도道도 스스로 찾아내지 못하거늘, 하물며 남에게 있는 의기意氣를 찾을 수 있겠는가. 나에게 있는 사욕도 스스로 이기지 못하거늘, 하물며 남에게 있는 혈기를 이길 수 있겠는가. 나의 계책은 필시 세상에 쓰이지 못하고 나의 말은 끝내 믿음을 얻지 못하리라는 것을 나 자신이 잘 알고 있다. 그렇기 때문에 이렇게 살 수밖에 없는 것이지, 어찌 내가 타고나기를 참으로 검소하고 겸손하며 조용하고 단정한 사람이겠는가."

사람들이 선생의 말을 듣고는 그렇겠다고 여겼다.

선생은 남의 선행을 들으면 반드시 매우 경애敬愛하였다. 그러나 구차하게 영합한 적은 없다. 글을 볼 때 사물의 명칭에 미심쩍은 것이 있거나 구두가 난해한 곳이 있으면 애써 설명하려 하지 않고 대의를 이해하려고 할 뿐이었다. 지은 글 약간 편이 집안에 전한다.

다음과 같이 찬한다.

선비 중에 은거하는 자는 대개 초목과 꽃에 흥을 의탁하는데, 백거이白居易의 「양죽기養竹記」와 임포林逋가 매화를 노래한 시를 보면 알 수 있다. 그러나 그들이 대나무와 매화를 취하여 호로 삼았다는 이야기는 듣지 못하였다. 오직 도연명만이 스스로를 '오류선생'으로 칭하였는데, 향은선생이 자호한 이유도 대체로 도연명과 같았다. 향은선생의 행적을 살펴보면 꼭 도연명의 풍모를 지녔다고는 할 수 없으나, 맹자가 말한 '시골의 자호自好하는 자'•의 부류라 할 수 있을 것이다. 후세에 필시 이에 대해 논하는 자가 있으리라.

–『향은집 薌隱集』 권2

조선 후기의 학자 이장찬李章贊, 1794~1860이 지은 자전이다. 이장찬은 본관이 한산韓山, 자는 양숙襄叔이며, 자호를 향은薌隱이라 하였다. 조선 중기의 학자 토정土亭 이지함李之菡의 후손으로 아버지는 연서硯西 이약채李若采이다. 이장찬은 일찌감치 출사할 뜻을 접고 고향인 충남 청양에 살면서 평생 학문을 연구하고 제자를 가르쳤다.

가풍의 영향으로 경사經史와 성리학을 연구하였을 뿐 아니라 제자백가서에도 달통하였다. 특히 『주역』에 조예가 깊어 『주역강해周易講解』를 저술하였다. 이 책은 주희朱熹의 『중용혹문中庸或問』과 『대학혹문大學或問』의 체제에 따라 문답 형식으로 『주역』을 풀이한 것이다.

박기환朴箕煥에게 보낸 편지를 보면, 뜰 한쪽에 사철나무 한 그루가 있는데 이를 엮어서 한 칸짜리 향정香亭을 짓고 자호를

• 시골의 자호自好하는 자 : 자기 자신을 아끼며 살아가는 자를 말한다. 맹자는 "제 몸을 팔아 임금을 훌륭하게 만드는 것은 시골에서 제 몸을 아끼는 자도 하지 않거늘, 하물며 어진 이가 그것을 하였다고 말할 수 있겠는가."라고 하였다.

'향은'이라 한 것이다. 이장찬은 향정에서 휴식을 취하는 한편 마을 젊은이들에게 시서詩書를 강론하고 함께 시를 읊조렸다. 가깝게 지낸 임헌회任憲晦, 1811~1876가 「향정기香亭記」를 지은 듯한데, 현전하는 임헌회의 문집인 『고산집鼓山集』에는 수록되어 있지 않다.

그렇다면 이장찬은 왜 호를 '향은香隱'이라 하지 않고 '향은薌隱'이라 한 것일까? '향香'과 '향薌'이 뜻이 통하기 때문에 그렇게 한 것일까? 논찬 부분에서 그 답을 찾을 수 있을 듯하다. 백거이는 대나무의 군자다운 면모를 좋아하여 「양죽기」를 남겼고, 임포는 매화를 좋아하여 「산원소매山園小梅」라는 시를 남겼다. 이장찬은 논찬에서 도연명을 언급하였듯이, 도연명의 풍모에 많은 감명을 받은 듯하다. 그는 도연명의 「귀거래사」에 차운한 글을 남기기도 하였다.

이장찬은 도연명의 「오류선생전」을 본떠 「향은선생전」을 지었다. 도연명이 자호를 '오류선생'이라 한 것은 집 주변에 버드나무 다섯 그루가 있었기 때문이다. 도연명의 풍모를 흠모하지만 자신이 꼭 도연명과 같은 풍모를 지녔다고 할 수는 없었다. '향香'을 '향薌'으로 바꾸어서 겸양의 의미를 담아내고 싶었던 것이리라.

계원퇴사 김창희

溪園退士自傳

김창희

"내가 호를 세 번 바꾼 이유를 잘 안다면
나를 아는 사람이라 할 수 있을 것이다."

계원퇴사溪園退士는 시림始林•의 먼 후예요, 관진觀津•의 가까운 후손이다. 천성이 흐리멍덩하고 아둔하여 세상사에 어두웠다. 또 병에 잘 걸려 공부에 전력하지 못하였다. 말이 어눌하여 사람들에게 안부도 제대로 묻지 못할 정도였다.

약관의 나이에 문과에 급제하여 홍문관에 들어갔다. 하루는 오래된 석인石印 하나를 구해 성명을 새겨 인장을 만들려

• 시림始林 : 계림鷄林의 이칭인데, 경주 김씨의 시조인 김알지金閼智를 가리킨다. 시림의 나무에 걸려 있던 금궤 속의 알에서 김알지가 태어났다고 전한다.

• 관진觀津 : 중국 청하淸河의 현縣 이름인데, 한 문제漢文帝의 비인 두 황후竇皇后의 친정이 있었던 곳으로, 임금의 외가를 뜻한다. 여기서는 숙종의 장인 김주신金柱臣을 가리킨다.

던 참이었는데, 인장 끈 꼭지에 '능하菱荷'라 새겨져 있어 자호를 '석릉石菱'이라 하였다.

그 뒤 관직 생활을 하는 12년 동안 서쪽으로 중국의 연경에 다녀왔고 동쪽으로 풍악산을 유람하였으며 북쪽으로는 마천령에 올랐다. 높은 곳에 오르면 시를 읊었는데, 지은 시를 엮어 책을 만들고 그 서문에 다음과 같이 썼다.

"말세에 바다 끝에 있는 나라에서 태어나 오吳나라 계찰季札•과 같이 음악에 대한 식견은 없으나 소자유蘇子由•가 말한 천하의 큰 볼거리를 이미 유람하였다. 상자평向子平•처럼 자식들을 모두 혼인시킨 뒤 자취를 감추는 것은 기대하지 않으나 곽희郭熙, 송나라의 산수화가의 산수도山水圖는 이미 이루었다. 다만 세상에 나온 지 꽤 오래되었기 때문에 벼슬살이하고 싶은 생각은 점점 줄어들고, 물러나 쉬고 싶은 마음은 더욱 다급해져 산골을 그리워하는 마음을 꿈에서도 잊지 못하

• 계찰季札 : 춘추 시대 오나라의 공자이다. 음악에 조예가 깊었다. 특히 노나라에 갔을 때 주나라의 음악을 듣고 적절한 평가를 내린 일화가 유명하다.

• 소자유蘇子由 : 송나라의 문인 소철蘇轍이다. 자유는 그의 자이다. 소철은 「상추밀한태위서上樞密韓太尉書」에서 "사마천은 천하의 명산대천을 두루 유람하고, 연조燕趙의 호걸들과 교유하였으므로, 그의 문장은 호탕하여 자못 뛰어난 기운이 있습니다."라고 평가한 바 있다.

• 상자평向子平 : 한漢나라의 고사高士 상장向長이다. 자평은 그의 자이다. 왕읍王邑이 그를 왕망王莽에게 천거하려 하였으나 끝내 응하지 않다가, 자녀의 혼사를 다 치르자 명산을 유람하러 떠나 자취를 감추었다.

였다. 참으로 고소苦笑를 금치 못할 뿐이다."

시권의 끝에 있는 「귀래장편歸來長篇」에서 '산은 넘쳐 나는데 강이 작네.'라고 한 것은 찾기 어려운 명승지를 말한 것이 아니다. 초가에 대나무로 울타리를 두르고 차조를 뿌리고 국화를 심는 것은 많은 비용을 들이지 않아도 마련할 수 있다. 그러니 관직에서 물러나 훌쩍 고향으로 돌아가는 날이 되면 어느 곳으로 할지 번거롭게 따지지 않고 내가 편안하면 그것으로 족하다. 이곳은 내가 만년에 여생을 보낼 곳이니, 좋은 터를 고르지 않고 그냥 차지해도 괜찮다. 그러나 다시 식견이 있는 자에게 터에 대해 논해 보라 했더니 "통달한 사람이 운명을 편안하게 받아들이면 그곳이 복지福地요 승경勝境이니, 어디인들 마땅하지 않은 곳이 없습니다."라고 하였다.

아경亞卿을 지낸 후 시관試官의 업무에 문제가 있어서 삭주朔州로 유배되었을 때, 삭주부의 학교에서 『당송팔가문초唐宋八家文鈔』를 빌려 몇 달 동안 한유韓愈, 소식蘇軾, 구양수歐陽脩, 증공曾鞏의 글 짓는 활법活法과 대요大要를 깊이 연구하여 조금이나마 그 이치를 터득하였다. 능력과 역량이 짧고 얕아서 시와 문을 모두 잘할 수 없다고 생각하여 마침내 모학방毛鶴舫의 고사•를 본떠 시는 포기하고 오직 고문古文에만 전념

• 모학방毛鶴舫의 고사 : 모학방은 청나라 초기의 화가인 모제가毛際可, 1633~1708로, 학방은

하였다.

정경正卿에 올라 홍문관과 예문관을 관장하게 되었는데, 나이가 이미 마흔이 넘어 머리는 세고 이가 빠져 거울을 보면 한탄스러웠다. 이에 호를 '둔재鈍齋'로 바꾸고 「둔재설」을 지었다.

임오년1882, 고종19 가을에 조정에서 계원퇴사를 오소헌吳筱軒* 군문軍門 영접관에 보임하였다. 오 군문은 박학하고 풍치가 있어서 『주역』을 즐겨 읽었는데, 당시 퇴사와 함께 피곤한 기색도 없이 『주역』에 대해 담론을 나누었다. 그의 막하에는 저명한 인사가 많았는데 퇴사는 그들과 사이좋게 지내며 아침저녁으로 군사 문제를 논의하고 글과 술을 주고받으며 그들의 환심을 얻었다. 통주通州의 장건張謇은 우리나라의 난국을 타개하기 위한 계책으로 「치안육책治安六策」을 지었고, 환강皖江 이연호李延祜는 「부강팔의富强八議」를 지었다. 이들은 퇴사에게 글을 보내며 다음과 같이 말하였다.

"우리는 이 대책이 공허하여 별 도움이 못 되리라는 것을 알고 있소이다. 그러나 그대가 혼자서 시국을 걱정하는 마음

그의 호이다. 특히 고문古文과 기사記事의 창작에만 전념하여, 『춘추삼전고이春秋三傳考異』, 『송고문집松皐文集』, 『안서당문초安序堂文鈔』 등 많은 저술을 남겼다.

* 오소헌吳筱軒 : 청나라 말기의 장수 오장경吳長慶, 1833~1884이다. 소헌은 그의 자이다. 1882년 임오군란 때 진압군을 이끌고 조선에 왔다가 1884년에 돌아갔다.

에 노심초사하는 것이 염려되어 소견을 차마 감추어 둘 수 없었소이다."

퇴사는 그 마음에 감동하여 자신이 지은 『담설譚屑』 한 부를 답서와 함께 보내어 보답하였다. 『담설』은 평소 술을 마신 뒤에 한 말을 모은 것이다. 여기에는 뜻을 세우고 식견을 넓히며 복을 구하고 병을 고치며 벗을 사귀고 정사에 종사하며 변론을 향상하고 글을 지으며 세상을 살아가고 재물을 다스리는 일 들이 담겨 있다. 막하의 인사들이 너도나도 『담설』에 서문을 짓겠다고 나서며 대단히 훌륭한 글이라고 치켜세웠다. 오 군문이 이 이야기를 듣고 퇴사에게 은을 보내 책을 간행하는 비용으로 써 달라고 하였다. 『담설』을 간행하는 것은 자기 자랑을 하는 것 같아 부끄러웠으나 글이 세상에 알려질 수 있는 좋은 계기가 되었다.

계미년1883, 고종20 10월에 퇴사가 마흔 살이 되던 생일에 태흥泰興의 주명반朱銘盤이 시를 적은 병풍을 만들어 퇴사의 장수를 기원하였다. 그러고는 다음과 같이 『담설』의 서문을 지었다.

"석릉 참판이 스스로 이렇게 말하였다.

'제가 어렸을 때 병에 잘 걸려서 영리를 바라지 않았습니다. 일찍이 중장통仲長統의 「낙지론樂志論」을 읽다가 마음으로 그를 사모하게 되어, 나 같은 사람이 어찌 존귀한 삼공과 재상을 기필하겠는가만 일생을 자락自樂하면 그것으로 족하다고 생각하였습니다. 그 후로 하는 일 없이 녹봉을 받아 부모를 봉양하다가 열심히 공부해서 과거에 응시하여 스물한 살에 문과에 급제하였습니다. 관직 생활을 한 지 이미 20년이 되었으며, 10년을 더하면 벼슬살이가 전후로 30년이 됩니다. 계사년1893이면 제 나이가 쉰이 됩니다. 그때가 되면 마땅히 계원溪園으로 은퇴하여 부모를 봉양하며 저에게 주어진 생을 즐기겠습니다.'

석릉이 이러한 뜻으로 시를 지어 달라고 부탁하여 나는 이렇게 말하였다.

'저녁밥은 아침에 달려 있고 가을의 수확은 봄에 달려 있습니다. 한평생의 계획은 관례를 치르는 나이에 정해집니다. 석릉의 뜻은 이미 과거에 급제하기 전에 결정되었으니, 참으로 훗날 자신의 다짐을 어기지 않을 것입니다. 무릇 일흔에 벼슬에서 물러나는 것은 성인이 관리를 위해 만든 법이니 엄정하게 하지 않을 수 없습니다. 만족할 줄 알고 멈출 줄 알아서 위태로움과 욕됨을 멀리하는 것은 또한 노자가 숭상하는 바입니다.'

삼가 이 뜻에 의거하여 부賦 1장章을 지었다. 친구 심탄心坦 구이평邱履平 군이 이 일에 동참하였으니 병풍에 나란히 기록한다."

주명반의 시는 다음과 같다.

열 살에 시서를 암송하였고
스무 살에 옥당에 천거되었네
서른 살에 수령을 맡았고
마흔 살에는 시랑이 되었네
벼슬이 어찌 현달하지 않았으리오마는
좋은 녹봉을 바라는 것이 아니었네
근래 나에게 고백하는데
편지글이 백 줄에 이르렀네
말하기를 위로 나라의 은혜를
헤아릴 수 없을 정도로 많이 입었으며
재주와 역량은 감당할 수 없는데
녹봉을 훔쳐 더욱 마음이 좋지 않았네
다만 은택에 감읍하여
진퇴 중에 배회하였어라
말하기를 아래로 노모는
일흔으로 창안백발이신데
둘째 아들은 먼 고을에 있어
당으로 맞아 봉양하였지
십 년 후 계획으로는
고향으로 돌아가 은거함이라
그대가 지닌 이러한 뜻을

내 이 시로 읊어 내노라
내 듣자니 옛 가르침에
마흔 살은 벼슬에 나가는 나이요
쉰 살은 벼슬하며 정사를 보는 나이며
일흔 살은 벼슬에서 물러나는 나이라 하였네
성인은 자리에 얽매이는 걸 경계하여
이 제도를 만들어 미연에 방지하였어라
어리석은 자처럼 우러르고 현자처럼 굽어보며
때에 맞게 높였다 낮췄다 한다면
나아가고 물러남에 모두 흠이 없어
아름다운 명성을 거의 이루리라
노자는 겸양을 좋아하였으니
이야말로 성인이 좋게 여기는 것이라
세상 사람들에게 깊이 감사하고
그들을 힘써 돌보기를 잊지 마시게나

十歲誦詩書　二十貢玉堂
三十典牧守　四十爲侍郎
作官豈不達　佳祿非所望
爾來白告我　書辭累百行
上言被國恩　優渥不可量
材力旣不任　竊祿尤皇皇

顧此感恩澤　進退中彷徨
下言有老母　七十顏鬢蒼
仲子在遠郡　迎奉于其堂
思欲十載後　歸隱枌楡鄕
君爲持此意　賦之于篇章
我聞古有訓　四十而曰强
五十服官政　七十謝圭璋
聖人戒縻位　立制以爲防
愚仰賢則俯　因時爲低仰
行止兩無關　庶幾馨以芳
老氏喜沖退　此旨聖所臧
多謝當世人　勖之眷勿忘

구이평의 시는 다음과 같다.

약관에 급제하여 사람들의 존중을 받았고
이제 마흔 살이 되어 조칙을 관장하네
지금 조정에서 대각으로 문채를 받들고
만리 길에 술로 주빈을 접대하네
갖은 고생하며 터 잡은 곳을 미리 가 보고
머뭇거리며 은퇴할 날을 미리 정하였네

돛단배 타고 바다 건너는데 파도가 고요하니
어느 곳인들 인간 세상에 좋은 날이 없으랴

弱冠高科衆所尊　于今四十掌絲綸
當朝臺閣推文采　萬里罇罍接主賓
辛苦揭來籌筆地　遲回豫約掛冠辰
風飄過海波瀾靜　何處人間無好春

을유년1885, 고종22 여름에 퇴사는 집에서 별일 없이 지내면서 고문을 논설하여 두 권으로 책을 엮고 상자 깊은 곳에 넣어 두었다. 무자년1888 봄에 뜻을 같이하는 벗이 상자를 열고 책을 꺼내어 장차 간행하여 세상에 유통하려 하였다. 벗이 퇴사에게 말하였다.

"사람들이 이 책을 읽으면서 어떤 사람이 지었는지 몰라서야 되겠는가. 어찌하여 자네의 일생을 스스로 서술하여 전을 지어서 이 책의 끝에 붙이지 않는가."

퇴사는 거절할 수 없어 스스로 찬을 지었다. 그러고는 벗에게 말하였다.

"소 장공蘇長公, 소식蘇軾이 「이단숙에게 답하는 편지答李端叔書」에서 '나무에는 옹이가 있고 돌에는 얼룩이 있으며 무소뿔에는 통문通紋이 있는데, 사람들이 고운 것만 취하기 때문에 이것들은 모두 사물 중에서 병폐가 되고 말았소.'라고 하였네. 지난날 내가 하였던 일을 묵묵히 되돌아보면 병폐가 되는 것이 많네. 그대가 본 것은 모두 예전의 나이지, 지금의 내가 아니라네. 지금의 내가 3년 전에 지은 글을 보니 소 장공이 말한 '사물 중의 병폐'라네. 나는 비로소 소 장공이 스스로를 속이지 않고 또 나를 속이지 않았다고 믿게 되었네.

저는 오래전부터 붓과 벼루를 태워 버리고 벙어리처럼 아무 말도 하지 않으려 하였네. 그러나 습성과 숙업宿業으로 인해 갑자기 없애지 못하고 쉰 살이 될 때까지 기다려 과오를 줄이는 방도를 다시 찾기로 하였다네. 이는 맹자가 이른 바 '달마다 닭 한 마리씩 훔치다가 내년이 되면 그만두겠다.'라고 한 것과 비슷하니, 가소롭기 그지없네. 그러나 지금 나라의 곳간에서 곡식을 훔쳐 먹는 쥐와 참새가 되려던 참인데, 어찌 다시 서고에서 책을 갉아먹는 좀과 책 벌레가 되는 부끄러운 짓을 할 수 있겠는가.

대개 사물이 오래되면 바뀌고 사람이 늙으면 변하는 법이라네. 나는 입에 긴 갈대를 문 기러기•나 기심機心을 잊은 갈매기•로 바뀔 수 있네. 또 굴 속으로 피하는 토끼•나 진흙 속

• 입에……기러기 : 기러기는 그물이나 주살을 피하기 위해 본능적으로 이런 행동을 취한다고 한다.

• 기심機心을 잊은 갈매기 : 기심은 세상의 득실과 이해를 따지는 마음이다. 옛날에 바닷가에 사는 사람이 날마다 바닷가에 나가 갈매기와 놀았는데, 갈매기들이 그를 의심하지 않고 함

에 사는 거북•으로 변화할 수 있네. 그리하면 쥐나 참새를 끊어 버리는 습성과 좀이나 책 벌레를 끊어 버리는 재주가 형세상 반드시 이르게 될 것이네.

오 군문의 막하에 있는 인사들이 나를 '석릉 참판'이라 칭한 것은 예전의 나요, 조정에서 함께 일하는 여러 동료가 나를 '둔재 판서'라 칭한 것은 지금의 나일세. 5년 뒤에 장차 계원으로 은퇴하면 스스로를 '퇴사'라 칭할 것이니, 이는 훗날의 나일세. 내 책을 읽은 사람 중에서 내가 호를 세 번 바꾼 것을 잘 살펴보고 훗날의 나를 평생의 나로 정해 주는 자가 있다면, 나의 사람됨을 아는 사람이라 할 수 있을 것이네."

무자년1888, 고종25 청명절에 스스로 서술하다.

–『석릉집 石菱集』 권4

께 놀았다. 하루는 아버지가 갈매기 한 마리를 잡아오라고 하여 바닷가에 나갔더니 갈매기가 다가오지 않았다. 그에게 기심이 생겼기 때문에 갈매기가 멀리한 것이다.

• 굴 속으로 피하는 토끼 : 자신의 안위를 위하여 평소 대비책을 마련해 두는 것을 말한다. 토끼는 굴을 세 개 만들어 놓고 위급할 때 그곳으로 피한다고 한다.

• 진흙……거북 : 벼슬에 나가 화를 당하지 않고 물러나 편안하게 사는 것을 뜻한다. 초나라 왕이 사자를 보내 장자莊子에게 나라를 맡아 달라고 하자, 장자는 "신이한 거북은 죽어서 그 뼈가 묘당廟堂에 모셔지기보다는 살아서 꼬리를 진흙탕 속에 끌고 다니기를 바랄 것이다."라고 말하며 거절했다고 한다.

조선 말기의 문신 김창희金昌熙, 1844~1890의 자전이다. 김창희는 본관이 경주, 자는 수경壽敬, 호는 석릉石菱·둔재鈍齋이다. 숙종의 장인 김주신金柱臣의 6대손으로 아버지는 예조 판서를 지낸 김정집金鼎集, 1808~1859이다. 명문가 출신인 데다가 21세에 문과에 급제할 정도로 뛰어난 재능을 지닌 인물이다. 문과 급제 후 여러 관직을 거쳐 육조의 판서를 두루 역임하였으며, 문재文才를 인정받아 대제학에 올랐다.

이 글은 45세인 1888년에 지은 것이다. 김창희는 이해에 자신이 저술한 『회흔영會欣穎』을 출간하면서 독자들에게 자신을 소개하기 위해 이 글을 지었다. '회흔영'이라는 제목은 당송唐宋 이래 대가들의 글을 연구하며 그 뜻이 '이해되면會' '작은 붓穎'을 들어 밥 먹는 것도 잊을 정도로 '기뻐하였다欣'는 의미에서 붙인 것이다.

김창희가 『회흔영』을 저술한 데에는 계기가 있었다. 그는 비교적 순탄한 벼슬살이를 하였다. 다만 37세 때 과거 시험을 담당하는 시관試官이 되었다가 문제가 있어 평안도 삭주朔州로 유배되었다. 이때 『당송팔가문초』를 읽으며 당송 대가들의 창작 방법을 깊이 연구하여 『회흔영』을 집필하게 된 것이다.

김창희는 이 글에서 45세까지의 삶을 두 가지로 정리하였다. '둔재 판서'와 '석릉 참판'으로 불린 것이 그것이다. '둔재 판서'는 조정의 동료들이 김창희를 부른 칭호인데, 약관의 나이에 문과에 급제하여 조정에서 두루 관직을 역임한 것을 말한다. '석릉 참판'은 청나라 오장경吳長慶 군대의 막하 인사들이 부른 칭호이다.

김창희는 유배에서 풀려난 뒤 1882년, 임오군란 직후 청나라에서 파병한 오장경 군대의 영접관을 맡아 이들과 협력하며 군란을 수습하였다. 이때 오장경 막하의 문사들과 교유하였는데, 이 글에서는 많은 분량을 할애하여 이 부분을 특기하였다. 자신의 역작 중 하나인 『담설譚屑』을 이들의 후원에 힘입어 출간하였기 때문인 듯하다. 다른 한편으로는 자신이 중국 인사들의 인정을 받았다는 점을 내세우고 싶었는지도 모른다. 이 때문에 자신의 삶에 대한 찬사에 해당될 직한 주명반의 장편시 전문을 인용해 두었을 것이다.

한편 김창희는 자전에서 향후 계획도 밝혔다. 50세가 되면 모든 일에서 은퇴하여 계원에서 자락自樂하는 삶을 살겠다는 것이다. 이러한 생각을 45세가 된 지금에야 한 것이 아니라 이미 관직 생활 초년부터 꾸준히 가지고 있었다는 점을 강조하였다. 젊은 시절 「귀래장편歸來長篇」이라는 시를 지은 의도를 설명하며 은퇴하여 지낼 터를 미리 마련해 두었다고 운운한 것도 이 때문이다. 그래서 김창희는 자전의 제목을 '계원퇴사'라 붙인 것이다.

도판 목록

옮긴이 **안세현**安世鉉

고려대학교 대학원에서 조선 중기 누정기樓亭記에 관한 연구로 박사 학위를 받았다. 고려대학교 민족문화연구원 연구교수를 거쳐, 현재 강원대학교 한문교육과 부교수로 재직하고 있다. 저서로는 『누정기를 통해 본 한국한문산문사』가 있으며, 번역서로는 『근재집』, 『제정집』, 『백운 심대윤의 백운집』 등이 있다.

傳,전 불후로 남다

안세현 옮김

2018년 6월 30일 초판 1쇄 발행

발행인 신승운
발행 한국고전번역원 등록 2008. 3. 12. 제300-2008-22호
주소 03310 서울특별시 은평구 진관1로 85
전화 02-350-4886 팩스 02-350-4899
홈페이지 www.itkc.or.kr

책임편집 정영미 편집 강옥순 박현진 서윤이 임유경
디자인 씨오디 인쇄 대한정보인쇄(주)

값 12,000원
ISBN 978-89-284-0553-4 03810